ALEXANDER
FEST
VERLAG

Die Bilderbiographie

Text und Illustrationen

von Stefan Siegert

Alexander Fest Verlag

Für meinen Bruder
Donald Carlo Siegert

1

Wunder Kind

Am 27. Januar 1756 um acht Uhr abends kam er im Johann-Lorenz-Hagenauerschen Haus Nr. 9 in der Getreidegasse in Salzburg zur Welt. Ins Taufbuch eingetragen unter dem Namen Johannes Chrysostomus Wolfgangus Theophilus, entlatinisierte er sich später erfolgreich und nannte sich »Wolfgang de Mozart, Ritter vom Hohenthal, Freund des Zahlhauses« oder »Wolfgang Amadé Rosenkrantz, Ritter vom Sauschwanz« – meist aber kürzer und nur noch lateinisch witzelnd »Wolfgangus Magnus corpore parvus«, »Wolfgang Romatz« oder »Wolfgango Amadeo«. Briefe, Kompositionen und Schuldverschreibungen zeichnete er mit »Wolfgang Amadé«. Eltern und Freunde sagten »Wolfgangerl«, seine Frau »Wolferl«. Die Nachwelt dagegen kennt ihn bis heute unter einem Namen, den er selbst und seine Zeitgenossen so gut wie nie benutzten, dessen sich ein in Ehrfurcht erstarrtes 19. Jahrhundert aber offenbar partout bedienen mußte: Wolfgang Amadeus Mozart.

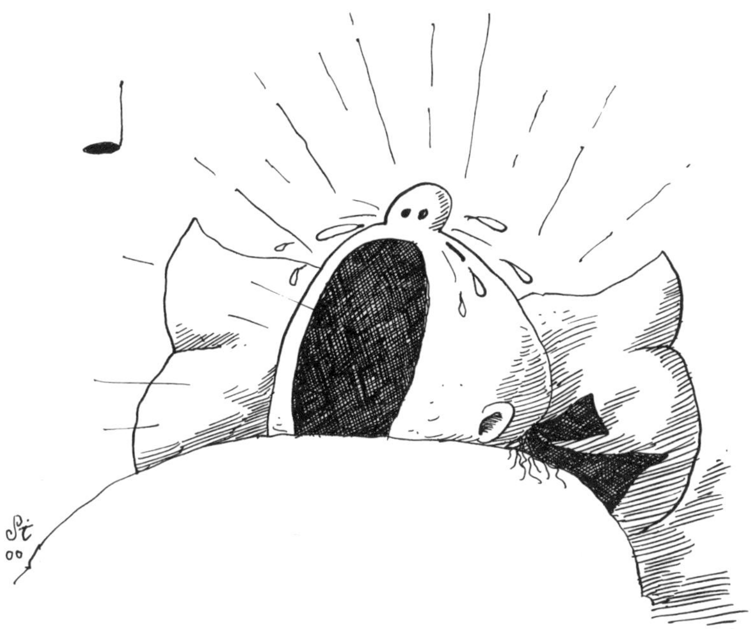

Mozart entstammt einer Familie, in der sich alles um die Musik drehte: Vater Leopold Mozart, 1719 in Augsburg geboren, arbeitete als Vizekapellmeister am Hof des Salzburger Fürsterzbischofs. Mit seinen Kollegen, unter ihnen Joseph Haydns Bruder Michael, hatte er nicht nur für allerlei fest- und alltägliche Konzertobliegenheiten bereitzustehen; er mußte auch komponieren, um den steten Bedarf des fürstlichen Orchesters an Repräsentations- und Unterhaltungsmusiken zu decken. Zudem kümmerte er sich als Parteigänger der Aufklärung intensiv um die Musikpädagogik. Seine ›Gründliche Violinschule‹ ist neben Carl Philipp Emanuel Bachs ›Versuch über die wahre Art das Klavier zu spielen‹ und Johann Joachim Quantz' Flötenschule ein bis heute herausragendes Beispiel für das Bedürfnis der Aufklärer, Wissen und Erfahrung weiterzureichen. »Er gab sowohl die Unterweisung auf der Violin als auch das Komponieren ganz auf«, berichtet Wolfgangs ältere Schwester Marianne (1751–1829), genannt Nannerl, »um außer seiner hochfürstlichen Verpflichtung die übrige Zeit auf die Erziehung der Kinder zu wenden.«*

* Zit. nach Hermann Abert, W. A. Mozart, Leipzig 1975, Bd. 1, S. 21.

Ob Leopold Mozarts pädagogischer Eifer Fluch oder Segen war für seinen Sohn, darüber ist in den vergangenen zweihundert Jahren immer wieder gestritten worden. Gewiß, die Unbeirrbarkeit, mit der er sein

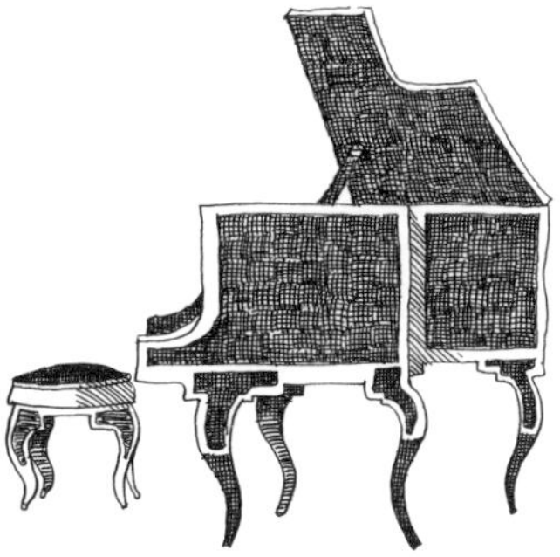

Lernziel verfolgte, muß den Sohn fürs Leben geschwächt haben. Denn selbst nach den Maßstäben einer Epoche, in der die Kindheit noch gänzlich anders beurteilt wurde als heute, begann für Wolfgang Amadé der Ernst des Lebens extrem früh. Allerdings mag es eine eigensüchtige Nachwelt auch so sehen: Ohne den Vater wäre Mozart nicht Mozart geworden, ohne ihn hätte die einzigartige Begabung des Sohnes nicht jene Früchte getragen, von denen die Welt noch heute zehrt.

Zu einer solchen Begabung gehören Klangphantasie und Kombinationsvermögen, Gehör und Gedächtnis, Einfallsreichtum und schnelle Finger, aber vor allem: magisch-sinnliches Angezogensein von Musik. »Eh er mit der Musik anfing«, berichtet der mit der Mozart-Familie engbefreundete Salzburger Hoftrompeter, Librettist und Übersetzer Johann Andreas Schachtner (1731–1795), »war er für jede Kinderei, die mit ein bißchen Witz gewürzt war, so empfänglich, daß er darüber Essen und Trinken und alles andere vergessen konnte. Sobald er sich mit der Musik abzugeben anfing, waren seine Sinne für alle übrigen Geschäfte tot, und selbst die Kindereien und Tandelspiele mußten von Musik begleitet sein. [...] Wenn er und ich Spielzeug von einem Zimmer in das andere trugen, mußte derjenige von uns, der leer ausging, einen Marsch geigen oder singen.«*

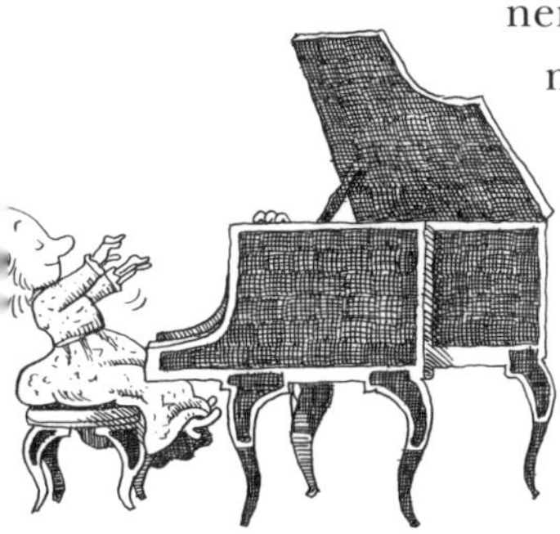

*Johann Andreas Schachtner, Brief an Marianne Mozart von 1792, zit. nach Otto Jahn, Mozart, Leipzig 1867, Bd. 1, S. 29ff.

Schwester Nannerl erzählt, daß der kleine Wolfgang, nachdem er sich schon mit drei Jahren auf dem Klavier tändelnd Terzen zusammengesucht habe, das Musizieren verblüffend schnell lernte: »Im vierten Jahr fing mein Vater sozusagen spielend an, ihm auf dem Klavier einige Menuette und Stücke zu lehren. Es kostete sowohl dem Vater als auch dem Kind wenig Mühe, daß er in einer Stunde ein Stück und in einer halben Stunde ein Menuett so leicht lernte, daß er solches dann ohne Fehler, mit der vollkommensten Nettigkeit und auf das genaueste auf den Takt spielen konnte.«

Neben dem Interpreten Mozart entwickelte sich auch schon früh der Komponist Mozart. Freund Schachtner berichtet:
»Einmal ging ich mit Vater Mozart nach Haus, wo wir den vierjährigen Wolfgangerl mit einer Feder beschäftigt antrafen.
Papa: ›Was machst du?‹
Wolfgang: ›Ein Konzert für ein Klavier.‹
Papa: ›Das wird was Sauberes sein!‹
Wolfgang: ›Ist noch nicht fertig.‹
Vater Mozart nahm es weg und zeigte mir ein Geschmiere von Noten, die meistenteils über ausgewischte Tintenkleckse geschrieben waren. Wir lachten anfänglich, aber Vater Mozart begann dann eine Betrachtung der Komposition.
Papa: ›Es ist alles richtig und regelmäßig gesetzt. Nur ist es so schwierig, daß kein Mensch es spielen kann.‹
Wolfgang: ›Drum ist es ein Klavierkonzert.‹«

Eine andere Geschichte Schachtners, wie die erste erzählt zu einer Zeit, als das Genie Mozarts sich bereits voll entfaltet hatte, lautet folgendermaßen: »Eines Tages brachte Herr Wenzel, ein guter Geiger, aber in der Komposition noch ein Anfänger, sechs neue Trios mit. Herr Wenzel spielte die erste Geige, ich die zweite und Vater Mozart den Baß auf der Bratsche. Wolfgang bat, die zweite Violine spielen zu dürfen. Sein Vater verbat ihm, weil er noch keinen richtigen Unterricht bekommen hätte, die närrische Bitte. Wolfgang sagte, um die zweite Geige zu spielen, müßte man nicht richtig Geige gelernt haben, und fing an zu weinen. Ich bat, daß man ihn doch spielen lassen sollte, und Vater Mozart sagte, er möge so leise spielen, daß man nichts hören kann. Bald merkte ich mit Staunen, daß ich ganz überflüssig war. Ich legte meine Geige weg und sah seinen Vater an, dem bei dieser Szene die Tränen der Bewunderung über die Wangen rollten.«*

* Nannerl und die Schachtner-Zitate nach Abert, Mozart, Bd. 1, S. 21 ff.

Leopold Mozart war nicht nur ein ehrgeiziger Pädagoge, sondern auch ein geschickter Impresario. Wunderkinder, das wußte er, waren gefragt. Doch anders als heute, wo Hunderttausende der schönen Musik halber zweimal jährlich nach Salzburg pilgern, wäre damals niemand auf den Gedanken gekommen, sich wegen zweier unbekannter Frühvirtuosen in die österreichischen Alpen zu begeben. »Nun gut«, mag sich darum Vater Leopold gesagt haben, »wenn die Leut' nicht zu unseren Wunderkindern reisen, reisen halt wir mit unseren Wunderkindern zu den Leuten.«

Gesagt, getan. Die große Europatournee der Familie Mozart begann am 9. Juni 1763 und dauerte drei Jahre. Diese erste Reise hat Wolfgang Amadé, der im Laufe seines Lebens noch viel herumkommen sollte, mit den Melodien, Interpretationsweisen und Volksmusiktraditionen der Länder Mitteleuropas vertraut gemacht. Er war in einem Alter, da Kinder schnell und spielerisch lernen.

Angesichts der überaus präzisen Charaktergestaltung in Mozarts Opern und der treffenden Personenbeschreibungen in seinen Briefen liegt der Gedanke nahe, daß er als Kind auf seinen Reisen nicht nur die Musik genau wahrgenommen hat, sondern auch die Menschen. Und er lernte Sprachen – außer Deutsch beherrschte er früh Italienisch, Französisch und Englisch –, nicht durch stures Büffeln als vielmehr durch tägliche Übung im fremden Alltag; und wohl auch herumalbernd auf den langen, eintönigen Kutschfahrten durch die Länder Mitteleuropas.

Wie es sich für Untertanen der Donaumonarchie gehörte, fuhren die Mozarts vor Beginn ihrer Europareise nach Wien, wo sie am 4. Oktober 1762 im Gasthof »Zum weißen Ochsen« – heute wahrscheinlich eine »McDonald's«-Filiale – Quartier nahmen.

Am 13. Oktober wurden sie zwischen drei und sechs Uhr nachmittags von Kaiserin Maria Theresia (1717–1780) und ihrem Gemahl Franz I. (1708–1765) empfangen. Auch Erzherzogin Maria Antonia (1755 bis 1793) war dabei, die dreißig Jahre später – zum Zeitpunkt des Besuchs der Mozart-Familie in keiner Weise absehbar – als französische Königin Marie Antoinette unter der Guillotine sterben sollte.
Um diesen Besuch ranken sich Legenden. Die bekanntesten setzten die beiden ersten Mozart-Biographen in die Welt, Georg Nikolaus Nissen und Franz Xaver Niemetschek.* Wolfgang, heißt es, habe auf dem Schoß der Kaiserin gesessen und Maria Antonia ihm vom glatten Parkett aufgeholfen, nachdem er gefallen sei. Außerdem soll er der

* Siehe Abert, Mozart, Bd. 1, S. 33, und Dorothea Leonhart, Mozart. Eine Biographie, Zürich 1994, S. 73.

gleichaltrigen Prinzessin einen Heiratsantrag gemacht haben. So herzig das klingt – da war wohl der Wunsch des Vaters Vater des Gedankens. Doch in den Maria-Theresia-Mythos – weitsichtige Landesmutter erkennt frühzeitig musikalisches Weltgenie – passen die Geschichten um den Besuch bis heute.

Wie die Kaiserin tatsächlich dachte, geht aus einem Brief hervor, den sie 1771 ihrem dritten Sohn Leopold (1747–1792), Großherzog der Toskana, nach Mailand schrieb, als dieser sich mit dem Gedanken trug, Mozart anzustellen: »Diese Leute reisen um die Welt wie Strolche. Ich wüßte auch nicht, warum Sie einen Komponisten oder sonst welch unnütze Leute gebrauchen sollten.« (Brief vom 12. Dezember 1771)

Über München und Augsburg, Heidelberg und Frankfurt, wo der vierzehnjährige Goethe den sechsjährigen Mozart bei einem Konzert gesehen haben will,* ging die Reise Mitte 1763 über Brüssel weiter nach Paris, wo die Mozarts am 18. November eintrafen. Über die Hauptstadt des europäischen Feudalismus berichtet Leopold Mozart nach Salzburg Dinge, die bis heute vertraut klingen: »Den äußerlichen Pracht wollen die Franzosen im höchsten Grad fortführen, füglich sind niemand reich, als die Pachter, die Herren sind voller Schulden. Der größte Reichtum steckt unter etwa hundert Personen, die sind einige große Banquiers und Fermiers généraux.« Aufs Ausland blickte Leopold Mozart offenbar kritischer als auf den heimischen Klassenstaat, und »im Herzen des Sohnes klangen diese Eindrücke noch bis in die Tage des ›Figaro‹ und des ›Don Giovanni‹ nach. Auf der einen Seite Adel und Klerus im alleinigen Besitz aller Rechte, die Vertreter eines bis an die Grenzen des Wahnsinns gesteigerten Lebensgenusses, auf der anderen die so gut wie rechtlosen, ausgesogenen Massen, die kaum ihres Eigentums sicher waren.«**

Von Calais aus, wo Marianne laut ihrem Tagebuch miterlebte, »wie das Meer ablaufet und wieder zu nimt«***, ging es nach Dover – eine stürmische Überfahrt, während deren, wie das Tagebuch weiter berichtet, der junge Mozart ziemlich alt aussah.

* Eckermann II, Leipzig 1908, S. 178 f.

** Abert, Mozart, Bd. 1, S. 39 f.

*** Zit. nach Abert, Mozart, Bd. 1, S. 45.

Das trotz monarchischer Fassade bürgerliche England war, als die Mozarts am 23. April 1764 dort eintrafen, das technologisch, politisch und ökonomisch am weitesten entwickelte Land Europas. So gut wie alles war zur Ware geworden, Musik ebenso wie Wolle, Tee oder Lammfleisch. Was Vater Mozart schnell erkannte. Wolfgang und Marianne spielten zwar auch bei Hof, so im April und Oktober 1764 vor King George III. und seiner Gemahlin Sophie Charlotte im Buckingham-House. Aber das große Geld kam durch öffentliche Auftritte herein, wie am 13. Mai 1764 in »Hickford's Great Room«, wo die Kinder vierhändig zu hören waren, am 5. Juni im »Great Room« in Spring Garden oder kurz darauf in der Rotunda von »Ranelagh Gardens« bei Chelsea, wo Wolfgang unter anderem auf der Orgel brillierte. Am 21. Februar des Folgejahrs konnte man im Haymarket Theatre Sinfonien des Salzburger Wunderkinds hören; Nettoeinnahme: 100 Guineen. Leopold Mozart mietete Säle, machte Reklame auf eigene Rechnung, verkaufte Karten – es funktionierte, sein Managergeschick bewährte sich glänzend. Die Musik hatte sich in England von den Ketten des Adels befreit und unterlag fortan der Knute des Marktes. Auf dem Kontinent setzte diese Entwicklung erst einige Zeit später ein. Doch dem kleinen Mozart hatte sie sich – wie die historische Wende seines Lebens siebzehn Jahre nach seinem Englandaufenthalt zeigen sollte – nachhaltig eingeprägt.

Wolfgang Amadé Mozart wurde in eine Epoche rapiden technischen und sozialen Wandels geboren. Die gesellschaftliche Hegemonie ging gegen Ende des 18. Jahrhunderts mehr und mehr von der Aristokratie auf das Bürgertum über. Die Musik drängte aus den Residenzen und Schlössern hinaus in die Konzertsäle und Salons der Städte. Öffentliche Konzerte kommerziell arbeitender Orchester – in London und Paris seit langem Normalität* – waren im Heiligen Römischen Reich noch unüblich. Immer mehr Musiker lebten davon, daß immer mehr Nichtmusiker Musik so anziehend fanden, daß sie auch Geld dafür ausgaben. Eine bahnbrechende Konsequenz dieser Entwicklung war die Mechanisierung des Notendrucks. Musik wurde nicht mehr, wie noch im Barock, nur für eine Aufführung komponiert, von Hand kopiert – und vergessen, sondern man dachte in wachsendem Maß auch an »den Druck«. Die Kompositionen ließen sich nun kommerziell ver-

* In England gab es seit 1765 die berühmten Konzertreihen Johann Christian Bachs und Carl Friedrich Abels, in Paris seit 1725 die »Concerts Spirituels«, daneben die »Concerts des Amateurs«; die erste öffentliche Konzertreihe in Deutschland waren die Leipziger »Gewandhaus-Konzerte« ab 1781.

breiten und an mehreren Orten gleichzeitig darbieten. So begann während Mozarts Jugend auch der enorme Aufschwung der Hausmusik, die im 19. Jahrhundert einen regelrechten Boom erleben sollte. Der massenhafte Verkauf einer Partitur brachte allerdings zunächst nur den Verlegern Gewinne; den Komponisten blieben Brosamen, denn Urheberrechte kamen erst in den Tagen von Johannes Brahms und Gustav Mahler auf.

Mit dem England der 1760er Jahre konfrontiert mochte das wache Kind ahnen, daß sich die Zeit festlich-oberflächlicher Hintergrundmusik, wie sie an den feudalen Höfen noch gang und gäbe war, ihrem Ende zuneigte. Ein neues Publikum mit anderen Ansprüchen formierte sich, und die Tage des Barock, in denen sich die Musiker – äußerlich vom Dienstpersonal kaum zu unterscheiden – an irgendeinem der vielen Fürstenhöfe Europas verdingen mußten,* waren bald Vergangenheit. Die Zukunft gehörte dem buntschillernden Virtuosen, der von Engagement zu Engagement durch die Lande eilte und nicht nur über eine brillante Spieltechnik und bühnenwirksame Charakter-

*Joseph Haydn (1732–1809) beispielsweise arbeitete von 1766 an bis 1790 als Erster Kapellmeister des Fürsten von Esterhazy fernab von Wien und Welt in den pannonischen Schlössern Esterhaza und Eisenstadt.

eigenschaften verfügte, sondern auch über eine legendenumrankte Lebensgeschichte. Diesem Typus ähnelte Mozart, zumal in den bisweilen schon recht gauklerhaften Teilen seines Virtuosenlebens, mehr und mehr – und stand so unversehens am Beginn einer Entwicklung, die über Persönlichkeiten wie Niccolò Paganini und Franz Liszt hin zu den Popstars der Gegenwart führte.

Wie in kaum einer anderen Epoche überboten sich zur Mozart-Zeit die Instrumentenbauer mit immer neuen Modellen und Varianten. Denn aufgrund der steigenden Verdienstmöglichkeiten sorgte man für größere Konzertsäle, und für größere Konzertsäle brauchte man lautere Instrumente. Die barocken Streich- und Holzblasinstrumente waren ausgelegt für kleine Musikkabinette und fürstliche Minitheater; sie waren zu leise für die neue Zeit und mußten deshalb umgebaut werden. In großem Stil geschah das erst zu Beginn des 19. Jahrhunderts.* Die Pauken beispielsweise, heute mit Kunststoff bespannt und mit weichen Watteschlegeln geschlagen, waren damals mit Kalbfell überzogen, und man traktierte sie mit blanken Holzstöcken. Was heute milde wummert, das machte früher also wirklich Krach. Trompeten und Hörner hatten keine Ventile, sie verfügten nur über sogenannte Naturtöne. Wollte man auf ihnen Zwischen- und Halbtöne hervorbringen, bedurfte es großer Lippenkraft und komplizierter Stopfgriffe der Hand im Schalltrichter. Auch Klarinetten, Oboen und Fagotte waren einfacher gebaut, und es erforderte Geschick, auf ihnen die mehr und mehr chromatische, das heißt immer gefühlsdifferenziertere Musik zu spielen, die dem Barock folgte. Den Streichinstrumenten gab man eine größere Spannung, indem man ihren Hals verlängerte, Stimme und Steg verstärkte. Darmsaiten wurden zunehmend mit Metall umspannt oder ganz (E-Saite) durch Stahl ersetzt. Die Bögen tauschte man gegen längere Modelle aus, die eine getragenere, gebundene Spielweise (Legato) erlaubten als die barocken Diminuendo-Bögen. Speziell der Klavierbau entwickelte sich rasant. Das dürfte der kleine Mozart in London erstmals am Klang der englischen Broadwood-Flügel bemerkt haben, die mit neuer, zukunftsweisender Mechanik und Dämpfung ausgerüstet waren.

* Die Musiker der heute besonders für Barock- und Klassikinterpretationen vielfach üblichen »historischen Aufführungspraxis« benutzen dagegen bewußt Originalinstrumente.

Auch die ästhetischen Maßstäbe wandelten sich, denn die entstehende Musik des bürgerlichen Konzertsaals spiegelte zugleich das Selbst-

bewußtsein der künftig herrschenden Klasse. Sie sollte das Gefühl des Großartigen und Einmaligen vermitteln, wurde dabei einfacher und populärer – und verkaufte sich damit besser. So vollzog und vollendete sich während der klassisch-romantischen Epoche, an deren Beginn Mozart stand, in der Musik die »Entthronung der Vernunft zugunsten des Herzens«; fortan waren »Pathos und Logos endgültig vermählt«.* Der Zeitgeist hielt Einzug in die Musik, und gefragt waren nicht mehr schwierige, an mathematischen Regeln ausgerichtete Tonkombinationen, wie sie vor allem Johann Sebastian Bach komponiert hatte, sondern Kantilenen, die seufzen machen, Akkordballungen, die aufschrecken, Crescendos, die vorantreiben. Den Verlust an barocker Rationalität und das Aufkommen eines gewissen »Primitivismus« machte die neue Epoche dadurch wett, daß sie die Melodie aufwertete und die Volksmusik als Kunstform entfaltete. Stürmend und drängend bemächtigte sich bürgerliches Lebensgefühl der Partituren. Diese Entwicklung von der alten zur neuen Musik fand innerhalb einer Generation statt: Es war der Übergang von Johann Sebastian Bach zu seinen in ganz Europa berühmten Söhnen. Für Mozart und seine später ins Himmlische reichende Fähigkeit, warm fließende Melodien zu erfinden, machte sich vor allem die Begegnung mit dem in London lebenden Johann Christian Bach (1735–1782) und seiner Musik bezahlt.

* Friedrich Blume, Klassik, in: Epochen der Musikgeschichte in Einzeldarstellungen, München 1974, S. 245 f.

Dreieinhalb Jahre zogen die Mozarts quer durch Europa, »wie fahrendes Volk«*, sommers wie winters, meist in hartgefederten, ungeheizten Kutschen, unterbrochen nur von kurzen, kraftraubenden Konzerten. Für Wolfgang Amadé – und sicher nicht nur für ihn – muß es eine Tortur gewesen sein. Auf der Reise nach Den Haag erkrankte Nannerl kurz nach dem 10. September 1765 so schwer an Bauchtyphus, daß sie am 21. Oktober die Sterbesakramente erhielt. Ärztliche Kunst rettete sie, doch kaum war sie auf dem Weg der Besserung, bedrohte eine »Knotenrose« das Leben ihres Bruders. Anfang Dezember liegt er »8 Täge ohne ein Wort zu sprechen«. Der Vater berichtet nach Salzburg, »daß er nicht nur absolut unkantbar ist, sondern nichts als seine zarte Haut und kleine Gebeine mehr an sich hat«.** Wolfgang erholt sich nur langsam, aber am 22. Januar des neuen Jahres geben die Kinder schon wieder ein Konzert, reisen weiter nach Amsterdam, wo am 27. Januar der nächste Auftritt folgt; es schließen sich Konzerte in Holland und Belgien, Frankreich und Deutschland an, vom Frühjahr bis in den Winter. In München erkrankt Wolfgang Amadé erneut: Gelenkrheumatismus. Obwohl er erst am 21. November wieder genesen war, schickt Leopold Mozart ihn bereits am 22. ins nächste Konzert. Mag man über die Liebe eines solchen Vaters geteilter Meinung sein*** – der Sohn jedenfalls ging, als er selbst für sich zu sorgen hatte, leider nicht viel besser mit sich um.

* Wolfgang Hildesheimer, Mozart. Eine Biographie, Frankfurt am Main 1977, S. 37.

** Zit. nach Volkmar Braunbehrens, Mozart in Wien, München 1986, S. 22.

*** »Zärtlichkeit und Geborgenheit bilden den Rahmen, in dem die beiden Mozartkinder heranwachsen«, lautet beispielsweise ein überraschendes Urteil. Leonhart, Mozart, S. 14.

2

Italien

Nach Salzburg zurückgekehrt, hätte Mozart nun eigentlich ein ruhiges Leben führen können. Dreizehnjährig bekommt er die Stelle eines unbesoldeten dritten »Concertmeisters« der Hofkapelle, wird eine Art stellvertretender Abteilungsleiter/Geigen. Wie nebenbei erledigt er Kompositionsaufträge. Seine Oper La Finta Semplice K. 51 wird in der Salzburger Residenz uraufgeführt. Er komponiert Divertimenti und Serenaden für den Hof. Die Messe K. 66 (»Pater-Dominicus-Messe«) kommt anläßlich der Priesterweihe von Kajetan Rupert Hagenauer im Oktober 1769 in der Stiftskirche St. Peter heraus. Auch findet zu Ehren des frisch Geweihten in dessen Elternhaus in der Vorstadt eine Festmusik statt, bei der Wolfgang Amadé singt, geigt und Klavier spielt. Bei derlei Leistungen hätte er es, dem Beispiel vieler anderer folgend, belassen können. Aber er war nicht wie die anderen. Er stand im Begriff, Mozart zu werden.

Mozart vermochte nicht nur Töne zu setzen, er hatte auch ein sicheres Gespür für die theatralische Wirkung, die diese Töne bei entsprechender Kombination entwickeln konnten. Der britische Jurist und Naturforscher Daines Barrington (1727–1800) schrieb in einem Bericht über Mozarts Englandauftritte im Jahr 1765 an die Royal Society: »Mozart kann auf Bestellung seiner Musik den Gefühlsausdruck verleihen, den er wünscht. Er schreibt hintereinander einen ›Song of love‹, dann eine Überleitung ›Con affetto‹ zu einem ›Song of rage‹ und läßt dann, nicht ohne deutlich seinen schalkhaften Charakter zu zeigen, alles mit einem ›Perfido‹ enden.«* Kein Zweifel, Mozart war dazu berufen, Opern zu schreiben. Und nirgendwo konnte man das besser lernen als in Italien.

Die Mozarts gingen also wieder auf Reisen – freilich nicht ohne zuvor an höchster Stelle um Zustimmung ersucht zu haben.

* Zit. nach Otto Erich Deutsch (Hg.), W. A. Mozart. Die Dokumente seines Lebens, Kassel 1961, S. 66.

»Hochwürdig Hochgebohrne Herrn Herrn; Herr Domprobst, Domdechant, Senior und gesammt Regierendes Dom Capitl des hohen Erzstifts Salzburg, Hochgnädig und Hochgebietende Herrn Herrn!

Euer Hochwürden und Hochgräfli: Excellenzen etc: wird unverborgen seyn, daß Se: Kaysl: Königl: Mayestät die allerhöchste Gnade hatten meinen Sohn zur Verfertigung der bey Gelegenheit der Maylandischen Hochzeits Feyerlichkeiten auszuführenden Theatral Serenata nach Mayland zu beruffen, zufolge dessen Se: Hochgräfl. Excellenz H: Graf Carl v. Firmian durch ein Schreiben an tl. dess. H: Bruder Oberhofmeister Exc: Se: hochfürstlichen Gnaden Höchstseel: angedekens um die ggste Erlaubniß mich mit meinem Sohne nach Mayland begeben zu därffen geziemend angesucht. Höchst-Gedacht Se: Hochf: Gnaden ertheilten uns zwar die Erlaubniß zur Reise doch mit Zurückhaltung meiner ohnehin nur 28 fl. 30 xr. Bestehenden Besoldung, die jedoch aus übersehung noch anderthalb Monat ausgefolgt wurde.

Euer Hochwürd: und Hochgräfl: Excellenzien meiner gnädigen Herrn Herrn unterthänigst gehorsamster Leopold Mozart ViceCapellmeister.«*

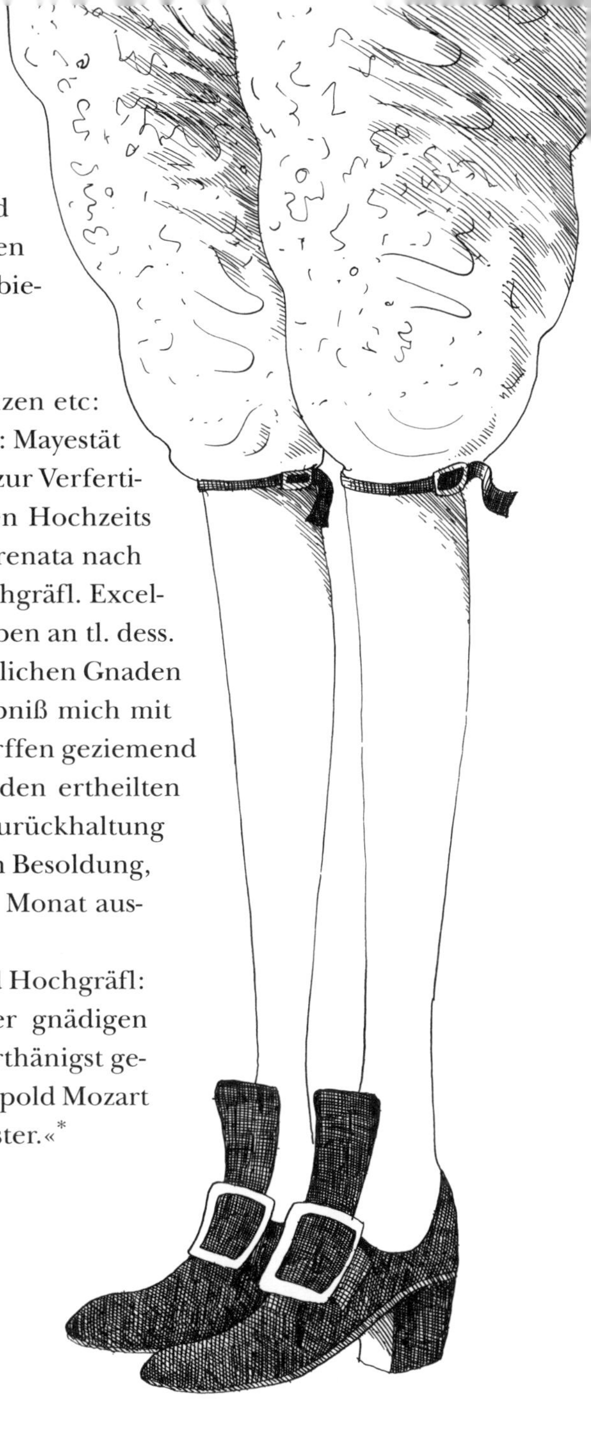

* Zit. nach Deutsch (Hg.), Mozart, S. 145.

Mit dem Anbruch eines neuen Zeitalters erlebte Mozart auch den Untergang des alten. Für die Intellektuellen und Künstler dieser Epoche – Goethe ist das prominenteste Beispiel – gehörte es allerdings noch fraglos zum festen Bildungskanon, mindestens einmal über die Alpen nach Italien gezogen zu sein. Dreimal machten Vater und Sohn diese Reise,* denn Italien war damals das europäische Zentrum der Musik. »Die Musik ist in Italien als einzige Kunst noch lebendig«, stellte rund dreißig Jahre später der französische Schriftsteller Stendhal fest. »Sie hat dort noch etwas von dem schöpferischen Feuer, das in diesem Land nacheinander die Dichtkunst, die Malerei und schließlich die Pergolesi und Cimarosa belebte. Dieses göttliche Feuer wurde einst durch die Freiheit und die großartigen Sitten der mittelalterlichen Republiken entzündet.«**

* Die erste Reise dauerte vom 13. Dezember 1769 bis zum 28. März 1771, die zweite vom 13. August 1771 bis zum 13. Dezember 1771 und die dritte vom 24. Oktober 1772 bis zum 13. März 1773.

** Stendhal, Rom, Neapel und Florenz, Frankfurt am Main 1988, S. 9.

Doch Leopold Mozart wollte nicht nur, daß sein Sohn musikalische Eindrücke sammelte; es ging auch um das Knüpfen zukunftsträchtiger Kontakte, um für ihn eine Anstellung an irgendeinem der wohlhabenden Höfe Italiens zu erwirken. So besuchten sie zuerst die oberitalienischen Städte Mailand und Venedig, dann Florenz, wo Meister wie Monteverdi und Vivaldi gearbeitet hatten. Hier schließt Wolfgang herzliche Freundschaft mit dem gleichaltrigen englischen Geiger-Wunderkind Thomas Linley (1756–1778) und setzt die Gesellschaft im Schloß des Großherzogs Salviati in Erstaunen, als man ihm zum Prima-vista-Spiel die schwierigsten Fugen vorlegt und er sie, nach Leopolds Bericht vom 3. April 1770, »wie man ein Stück brod ißt, wegspielt und aufführt«***. Danach besuchten sie Rom, Wirkungsstätte von Musikern wie Palästrina, Allegri und Scarlatti. Schließlich Neapel, Geburtsstadt des ›Belcanto‹. Noch immer erfüllten sich in Italien die Verheißungen der Musik ganz überwiegend in der Oper; alljährlich wurden zum Karneval Opern in Auftrag gegeben. »Das Volk«, schwärmte Stendhal, »ist für das Schöne geboren: eine Oper von zwei Stunden Dauer wird von einem einzigen köstlichen Augenblick getragen, vielleicht einem Sextett, das kaum sechs Minuten währt; fünfzig Meilen kommen die Leute her, um ihn zu erleben.«****

*** Alle Briefzitate der Familie Mozart sind den im Literaturverzeichnis genannten Briefausgaben entnommen und werden im folgenden nicht eigens belegt.

**** Stendhal, Rom, S. 19; siehe auch Anhang.

Der letzte in der bei Georg Friedrich Händel und Johann Christian Bach beginnenden Reihe prominenter deutscher Musiker in Italien war der Dresdener Hofkapellmeister Johann Adolf Hasse (1707 bis

1783). Er hatte beste Verbindungen, und außerdem gab es etwas zu lernen bei ihm für Wolfgang. Vater Mozart arrangierte also ein Treffen in Mailand, das weniger seiner musikalischen Folgen wegen bedeutsam wurde als aus biographischen Gründen. Denn Hasse hat nach der Begegnung nicht nur eine recht plastische Beschreibung des Talents aus Salzburg gegeben, er war auch der erste unter den Musikprominenten der Zeit, der dessen kommende Größe ahnte. In einem Empfehlungsschreiben, das er 1769 von Wien aus für die Mozarts verfaßte, heißt es: »Der Knabe ist schön, lebhaft, anmutig und benimmt sich in allem so hübsch, daß man gar nicht umhin kann, ihn liebzuhaben. Das eine ist sicher: Wenn seine Entwicklung mit dem Alter Schritt hält, wird ein Wunder aus ihm.«*

Ein Wunder auch an Gedächtnis. Am 11. April 1770 hört Wolfgang nachmittags in der Sixtinischen Kapelle Gregorio Allegris ›Miserere‹, das alljährlich nur zu Ostern aufgeführt und dessen Partitur streng geheimgehalten wurde. Nach dem Konzert in sein Quartier zurückgekehrt, schreibt der Vierzehnjährige die komplizierte, vielstimmige Komposition aus der Erinnerung auf.

Aber auch als »Konzertkritiker« und Beobachter macht er von sich reden. Die Briefe an Mutter und Schwester in Salzburg spiegeln seine Stimmungen und Erlebnisse:

* Zit. nach Hermann Kretzschmar, Gesammelte Aufsätze, Bd. 2, Leipzig 1911, S. 263 f.

* Gemeint ist Hasses Oper ›Demetrio‹.

»Die opera zu mantua ist hübsch gewesen, sie haben den Denetrio* gespillet, die prima Dona singt gut, aber still, und wenn man sie nicht agiren sehte, sondern singen nur allein, so meinete man, sie sienge nicht, dan den mund kan sie nicht eröpfen, sonder winselt alles her, welches uns aber nichts neües ist, zu hören. la seconda Dona macht ein ansehen wie ein granadierer, und hat auch eine starcke stime, und siengt wahrhaftig nicht übel auf daß sie daß erste mahl agieret. il primo uomo il musico, singt schön, aber einne ungleiche stime, ernent sich Caßelli. il Secondo uomo, ist schon alt, und mir gefält er nicht.« (Mailand, 26. Januar 1770)

»Addio, Kinder, lebt's wohl, der Mama küsse ich tausendmal die Hände, und Dir schicke ich hundert Busserln oder Schmazerln auf Dein wunderbares Pferdgesicht.« (Mailand, 17. Februar 1770)

»Ich hab die ehr gehabt den hl: petrus seinen fus zu sanct pietra zu küssen, und weil ich das unglück habe so klein zu seyn, so hat man mich als den nehmlichen alten fechsen Wolfgang Mozart hinauf gehebt.« (Rom, 14. April 1770)

»Gestern haben wir unsere neuen Kleider angezogen; wir waren schön wie die Engel.« (Neapel, 19. Mai 1770)

»Ich bin auch noch lebendig, und zwar sehr lustig. Heünt kam mir die lust auf einen eesel zu reitten, dan in italien ist es der brauch, und also habe ich gedacht, ich mus es doch auch probieren. wir haben die ehre mit einen gewissen Domenicaner umzugehen, welcher für heilig gehalten wird, ich zwar glauebe es nicht recht, dan er nimmt Zum frühstück oft Eine taßa ciocolata, gleich darauf ein guts glas starcken spanischen wein, und ich habe selbsten die ehre gehabt mit diesen heiligen zu speisen, welcher praf wein und auf die lezt ein ganzes glas voll starcken wein bey der tafel getruncken hat, zwey gutte schnitz melooni, sperschig, biern, 5 schallen Caffé, ein ganzes deller voll Vögeln, zwey volle deller von milch mit lemonien; doch dieses könte er mit fleis thun, aber ich glaube nicht, dan dieses wäre zu viel, und aber er nimmt vielle sachen zur Jausen auf nachmittag.«
(Bologna, 21. August 1770)

»Oben unser ist ein violinist, unter unser auch einer, neben unser ein singmeister der lection gibt, in dem lezten Zimmer gegen unser ist ein hautboist. das ist lustig zum Componiern! giebt einen viell gedancken.«
(Mailand, 24. August 1771)

GAIUS

In den Jahren der Italienreisen schreibt der junge Mozart sieben Opern. Als am 26. Dezember 1770 im Mailänder Teatro Regio Ducale sein MITRIDATE, RÈ DI PONTO°* Premiere hat, sitzt er am Cembalo und leitet die sechsstündige, mit glanzvollen Balletteinlagen veredelte Vorstellung. Doch nicht nur sein Geschick, Opern zu komponieren, konnte er in dieser Zeit perfektionieren, sondern auch die Fähigkeit, sich auf die Eigenheiten und Schrullen der Gesangsstars einzustellen und mit den allfälligen Intrigen in Theater- und Gönnerkreisen fertig zu werden.

*Zu allen mit ° versehenen Werken findet sich im Anhang ein Plattentip.

Musikalisch am folgenreichsten für Mozart war seine Begegnung mit dem Franziskanerpater und Komponisten Giovanni Battista Martini (1706–1784), dem letzten großen Kirchenmusiker Italiens. Die in der Kirchenmusik ausgeprägte Kompositionstechnik der Polyphonie** war für die damals moderne Oper nur noch am Rande von Bedeutung, ihre Kenntnis für einen angehenden Komponisten gleichwohl unerläßlich. Der »gelehrte« Kontrapunkt und die Fuge, beides krönende Besonderheiten dieses Stils, waren Spezialitäten Johann Sebastian Bachs, dessen Musik Mozart erst später kennenlernen sollte. Martini machte ihn erstmals mit dem alten Regelwerk und mit der Kunst des homophonen Satzes*** vertraut. In den Stunden, die Mozart mit dem großen alten Mann verbrachte, erhielt er zugleich einen tiefen Einblick in die Musikgeschichte. Denn Padre Martini, der neben seiner Kompositions- und Lehrtätigkeit auch Kapellmeister an S. Petronino in Bologna war, wurzelte musikalisch tief im Barock. Immer wieder hat man Mozarts Werke allzu einseitig aus dem Blickwinkel Schumanns, Brahms' oder gar Richard Strauss' gedeutet, und daher ist es gut, daran zu erinnern, daß Mozart ein Schüler Padre Martinis war und ungeachtet mancher Romantikvorahnungen, die man in seinen Werken hören kann, historisch ebenfalls vom Barock geprägt war.

** In der Polyphonie gibt es weder Melodie noch Begleitung: Die Stimmen sind gleichberechtigt.

*** Als »Homophonie« gilt die Hierarchie von Melodie und Begleitung; in beider Vertikalbeziehung zum Grundton entsteht eine Spannung, deren Intensität und Reichtum über die Frage entscheiden, ob es sich um »starke« oder »schwache« Musik handelt.

Am 9. Oktober 1770 legt Mozart eine Prüfung vor der Academia Filarmonica von Bologna ab und wird tags darauf aufgenommen – als in der Geschichte dieser Institution jüngstes Mitglied. Nur wenig später ernennt man ihn zum Ehrenkapellmeister der Academia von Verona. Die ›Gazetta di Mantova‹ in Verona berichtet, die Begeisterung über den jungen »Cavaliere di Filarmonico« sei so groß gewesen, »daß die

Herren Lugiati, welche, nachdem sie selbst mehrfach wunderbare Beweise der Geschicklichkeit dieses Jünglings genossen und andere hatten genießen lassen, endlich ihn nach der Natur auf Leinwand gemalt haben wollten«*. Auf dem noch heute zu bewundernden Ölbild sieht man, mitten auf der samtroten Weste des ein wenig zu alt geratenen Wolfgang Amadé, einen silbernen Orden blitzen. Bei so viel Jubel und Anerkennung will nämlich auch der Heilige Vater nicht nachstehen: Klemens XIV. (1705–1774) spendiert einen Ritterorden, den unter den Musikern außer Mozart nur noch Christoph Willibald Gluck erhalten hat. Für Mantel und Degen – bei einer Ehrenverleihung offenbar unerläßliche Accessoires – mußten die Mozarts selbst aufkommen. Nie ist eine Ordensverleihung so unbeachtet geblieben. Nie war sie so berechtigt.**

* Zit. nach Erich Schenk, Mozart. Wien/ München 1975, S. 45.

** Siehe Anhang.

MESSE
h-moll

»Der junge Mozart«, so der sensible Beobachter und Menschenkenner Johann Adolf Hasse, »ist für sein Alter sicher ein Wunder, und ich liebe ihn wirklich unendlich. Der Vater ist, soweit ich sehe, ewig und mit allem unzufrieden. Er vergöttert seinen Sohn etwas zu sehr und tut damit, was möglich ist, ihn zu verderben, aber ich habe von dem natürlichen Sinn dieses Jungen eine gute Meinung, daß ich hoffe, er wird sich, trotz der Schmeicheleien seines Vaters, nicht verderben lassen, sondern ein wackerer Mensch werden.«*

* Zit. nach Kretzschmar, Gesammelte Aufsätze, Bd. 2, S. 25.

3

Bloß weg hier!

Salzburg, gelegen im lieblichen Alpenvorland, am Fuße der gewaltigen Nördlichen Kalkalpen, dahinter die vielleicht etwas protzigen Zentralalpen, wird im Norden begrenzt vom blanken Mattsee und vom matten Wallersee, im Osten vom Wolfgangsee. Im Zentrum der Stadt liegt die erzbischöfliche Burg, zu deren Füßen sich bis heute das Mozarteum behauptet.* Begeben wir uns über Mozartgasse, Mozartsteig und Mozartstieg zum Mozartplatz mit dem Mozart-Denkmal, passieren wir das »Café Amadé«, den Gasthof »Wolfgangslust«, die »Kleine Nachtvideothek« und die Metzgerei »Sarastro«, so kommen wir zum Mozart-Geburtshaus – und spätestens hier wird uns klar: Keine Stadt hat sich Wolfgang Amadé so unter den Nagel gerissen, keine hat mit dem Kult um ihn so viel Geld gemacht, keine Stadt hat Mozart seinerseits so angeödet, ja wurde von ihm so gehaßt wie Salzburg. Hier, im totesten Winkel des europäischen Musiklebens, saß er in der Falle.

* Siehe Anhang.

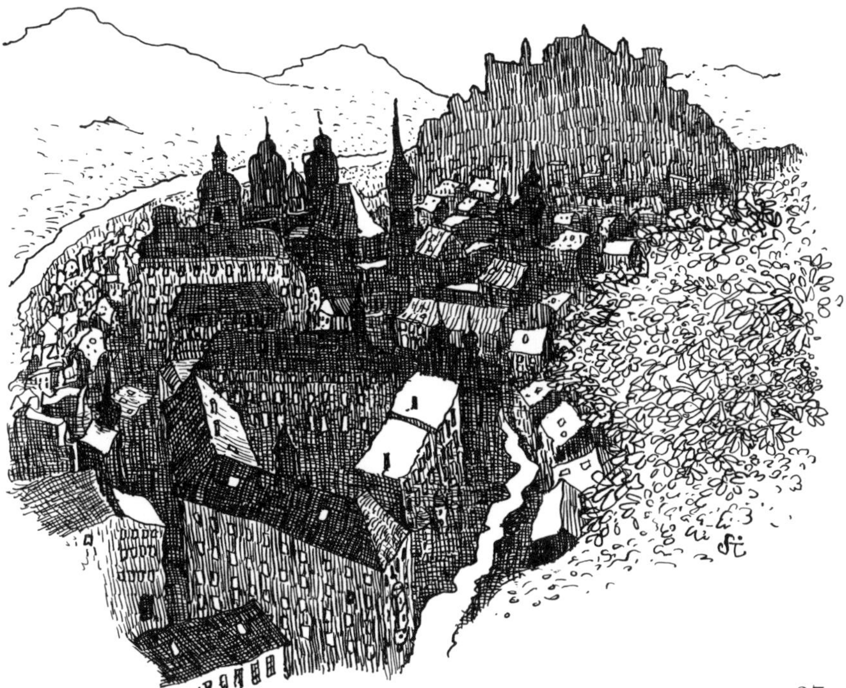

Ende des 18. Jahrhunderts hatte ein junger Musiker zwei Möglichkeiten: Entweder er bewarb sich um eine beamtenartige Dauerstellung als musikalische Hofschranze zwischen Jägern und Kutschern, oder er versuchte, mit Glück und Geschick ein reisender, überall gefeierter Maestro zu werden. Leopold Mozart wollte für seinen Sohn erst das eine, um dann das andere leichter zu erreichen. Aber weder die dreijährige Europatour noch die drei Italienreisen, noch die etlichen Aufenthalte in Wien hatten ihn diesem Ziel näher gebracht.* Im Gegenteil: Wolfgangs Berühmtheit als Wunderkind begann bereits zu verblassen, und bald gab es auch Probleme am Salzburger Hof. Dienstherr Erzbischof Graf Colloredo (1732–1812) war über die häufigen Reisen der beiden Mozarts ungehalten – verständlicherweise, denn zwischen 1763 und 1773 waren sie zusammengerechnet knapp sieben Jahre unterwegs. Er mochte ahnen, welches Format von Musiker er mit Wolfgang Amadé in seiner Hofkapelle hatte,** aber es kümmerte ihn nicht weiter. Hauptsache, das Orchester war einsatzbereit und machte Effekt. Noch einmal ließen sich Vater und Sohn auf den regelmäßigen Dienst in der Salzburger »Sclaverey« ein. Dann wagten sie einen letzten Versuch: Wolfgang Amadé mußte, bevor es gänzlich zu spät war für einen angesehenen Posten, erneut hinaus in die Welt. Diesmal sollte er in Richtung Westen reisen und sich an einem der reichen Höfe von München, Mannheim oder Bonn um eine Anstellung bemühen. Am 28. August 1777 wurden die Mozarts mit den Worten, »daß Vater und Sohn nach dem Evangelio die Erlaubniß haben ihr Glück weiter zu suchen«***, gnädigst entlassen; die Entlassung Leopolds wurde allerdings bereits im September wieder zurückgenommen. Die Mutter sprang ein und begleitete Wolfgang Amadé, offenbar traute man dem einundzwanzigjährigen Sohn nicht zu, eine solche Unternehmung allein durchzustehen. »Auf der Reise«, schreibt sie am 24. März 1778 an ihren Mann, »haben wür 8 täge das schönste wetter gehabt, Morgens erstaunlich kalt, und nachmittags warm, die 2 lesten täge aber hat uns der wind fast esticket, und der Regen ersäuffet, das wür beyde in wagen waschnass sein worden, und schür nicht schnaufen gekönt.«

* Siehe Anhang.

** Siehe Anhang.

*** Zit. nach Deutsch (Hg.), Mozart, S. 144.

Anna Maria Mozart (1720–1778), geborene Pertl, war eine, wie man so sagt, »herzensgute« Frau. Sie stammte aus St. Gilgen im Salzkammergut. Leopold schreibt 1772 in einem Brief, es sei nun fünfund-

Die Sache mit der Mozartkugel…

zwanzig Jahre her, »daß wir den guten Gedancken hatten, uns zu verheyraten«. Von den sechs Kindern, die Anna Maria vor Wolfgang gebar, überlebte nur Tochter Marianne das Säuglingsalter. Nach dem wenigen, das wir über sie wissen, war Anna Marias Gemüt ebenso schlicht wie ihre Sprache. Immerhin mag der Sohn seinen oft an Derbheit grenzenden Humor von ihr geerbt haben. Sie liebte Wolfgang – und er sie –, ohne daß sie ihn in erkennbarer Weise zu stärken oder zu schützen vermocht hätte.

Am 23. September 1777 verlassen die beiden Salzburg. »Wir sind Gott lob und danck glücklich zu wagin, stain, ferbenthain, und Wasserburg angekommen«, frohlockt Wolfgang am ersten Tag der Reise. »Mir ist so federleicht ums Herz, seitdem ich von dieser Schikane weg bin! – Ich bin auch schon fetter.« Und er beginnt, kaum ist der Vater außer Sicht, zu übertreiben: »Viviamo come i Principi«, jubelt er. »Uns gehet nichts ab als der Papa, je nu, gott wills so haben. es wird noch alles gut gehen. ich hoffe der Papa wird wohl auf seyn, und so vergnügt wie ich, ich gebe mich ganz gut drein. ich bin der anderte Papa.« Von nun an bis zum Tod Leopold Mozarts entspinnt sich – unterbrochen nur von einer kurzen Phase nochmaligen Salzburger Dienstes – ein reger Briefwechsel zwischen Vater und Sohn. In Wolfgangs Briefen fällt von Anfang an ein Hang zur Schönfärberei, wenn nicht gar Unaufrichtigkeit auf. Der Grund: seine Unfähigkeit, so zu sein, wie der Vater es wünschte. Wolfgangs Tiraden gegen den Dienstherrn – mögen sie ernst gemeint sein oder nicht – wirken dabei wie willkommene Ablenkungsmanöver. Beide Autoritäten, Vater wie Fürst, grenzen ihn ein, beschränken ihn, und beide verbindet er mit der immer unerträglicher werdenden Enge Salzburgs. Der Vater, schreibt Mozart, solle doch bedenken, »das der Mufti H:C: [Hieronymus Colloredo] ein schwanz, gott aber mittleidig, barmherzig und liebreich seye«.

»Ich glaube ich habe zu haus meine Decreter vergessen? – ich bitte nur selbe in bälde zu schicken.« – Daß Wolfgang seine »Decreter«, seine Diplome und Auszeichnungen aus Italien, einzupacken vergaß, zeigt, wie wenig sie ihm bedeuteten. Aber er sollte sie bald bitter nötig haben, denn nun ging es los, das Dienern und Winden durch die Vorzimmer und Kabinette. Erste Station ist München.

DIE SACHE MIT DEN HOCHGESTELLTEN PERSÖNLICHKEITEN

Dies zu Graf Salern. Nachdem Mozart sich noch an Signore Consoli, Herrn Albert, Mister Speer, Monsieur Bellvall, Frau von der Dirst, Professor Huber, Madame Nießer, Vizekapellmeister Krönner, den Grafen Schönborn, den Fürsten von Zell, die Dame Hepp und schließlich an Herrn und Frau sowie auch die Fräuleins Geheimrat Branca gewandt hat, wird er endlich zum Kurfürsten vorgelassen. Seine Hochwohlgeboren versichert ihm, sie würde ihn schon gern einstellen, allein – »es ist keine vacatur da«. (26. und 29. September 1777)

Am Abend des 11. Oktober 1777 erreichen die Reisenden Augsburg. Hier treffen sie zwar keine Fürsten, dafür aber den berühmten Pianofortebauer Johann Andreas Stein (1728–1792), den Wolfgang Amadé in dessen Werkstatt mit seinem Klavierspiel bezaubert.* In seiner Nachschrift zum Brief vom 25. Oktober erzählt Wolfgang Amadé von den Diskussionen, die er mit Stein über sein Augsburger Wettspiel gegen

* Siehe Anhang.

den Virtuosen Ignaz Franz Beecke (1733–1803) gehabt hat. Dessen – bei manchen Pianisten bis heute verbreitete – mimische Melodramatik findet Mozart albern. Und natürlich reden sie auch über die »hauptsache in der Musique [...] nämlich das tempo«. Mozart gibt Auskunft über sein Rubato, das sich bei ihm auf die rechte Hand beschränkte, während die Linke gleichmäßig den Baß spielte. »er war in den Becché völig vernarrt«, schreibt er über Stein. »Nun sieht und hört er, daß ich mehr spielle als Becché; daß ich keine grimaßen mache, und doch so expreßive spielle, daß noch keiner, nach seinem bekenntniss, seine Piano forte so gut zu tractieren gewust. daß ich immer accurat im tact bleybe. Über das verwundern sie sich alle. Das Tempo rubato in einem Adagio, daß die lincke hand nichts darum weiß, können sie gar nicht begreifen. Bey ihnen gibt die lincke hand nach.«
Er steigt mit der Mutter im »Weißen Lamm« ab, das nur durchs Kohlergäßchen von der Jesuitengasse getrennt ist, in der Mozarts Onkel wohnt, der Buchbindermeister Franz Alois Mozart. Und nicht nur er. Auch dessen Tochter, Mozarts Cousine Anna Maria Thekla, die in die Geschichte eingegangen ist als – »das Bäsle«.

»Nun muß ich von meinem lieben jungf: bäßle etwas schreiben. Wir zwey taugen recht zusammen; dann sie ist auch ein bißchen schlimm. Wir fopen die leüte mit einander, daß es lustig ist.« (17. Oktober 1777) – Zum Glück für die Nachwelt hat Mozart seiner Cousine von der nächsten Reisestation, Mannheim, auch einige Briefe geschrieben, in denen es nicht nur um »Leute-Foppen« geht, sondern um einige Vergnügungen mehr, die sich die beiden gegönnt hatten. Die Briefe lagen hundert Jahre im Giftschrank der Mozart-Wissenschaft, bis es Ludwig Schiedermair mit einer zu Beginn des 20. Jahrhunderts erfundenen Speziallampe gelang, unter den vielen Schwärzungen und Ausstreichungen* Mozarts Schrift wieder sichtbar zu machen. Das Bild vom Anstandsknaben war damit hoffnungslos überholt – wenn auch noch lange nicht vom Tisch. Man lese selbst:

* Die Dokumente, die über Mozarts Leben Auskunft geben, wurden vor allem vom zweiten Mann Konstanze Mozarts, dem frühen Mozart-Biographen Georg Nikolaus Nissen (1761–1826), manipuliert.

»Wenn sie mir also wolln antworten, aus der stadt Augsburg dorten, so schreiben sie mir baldt, damit ich den brief erhalt, sonst wenn ich etwa schon bin weck, bekomme ich statt einen brief einen dreck. dreck! – dreck! – o dreck! – o süsses wort! – dreck! – schmeck! – auch schön! –

dreck, schmeck! – dreck! – leck! – o charmante! – dreck, leck! – das freüet mich! – dreck, schmeck und leck! – schmeck dreck, und leck dreck! [...] nun muß ich schliessen, ob es mich schon thut verdriessen, [...] an alle meine freünde mein Compliment, und wers nicht glaubt, der soll mich lecken ohne End, von nunan bis in Ewickeit, bis ich einmahl werd wieder gescheid. (28. Februar 1778)

»Allerliebstes Bäsle Häsle!
Ich habe dero mir so werthes Schreiben richtig erhalten stalten, und daraus ersehen drehen, daß der H Vetter Retter, die Frau Baß Haß, und sie wie recht wohl auf sind, Kind; wir sind auch Gott Lob und Dank recht gesund Hund. ich habe heute den Brief schief von meinem Papa haha, auch richtig in meine Klauen bekommen strommen. Ich hoffe Sie werden auch meinen Brief Trief, welchen ich ihnen aus Mannheim geschrieben erhalten haben, schaben. Desto besser, besser desto! Nun aber etwas gescheudes. Mir ist sehr leid daß der H: Prälat Salat, schon wieder vom Schlag getroffen worden ist fist, doch hoffe ich mit der Hülfe Gottes spottes, wird es von keinen folgen sein Schwein. [...] wie heißt es weiter? jetzt wunsch ich eine gute Nacht, scheissen sie ins Bett daß es kracht; schlafens gesund, reckens den Arsch zum Mund; ich gehe jetzt noch schlaraffen und thue ein wenig schlaffen. Morgen werden wir uns gescheut sprechen, brechen; ich sage ihnen eine Sache Menge zu haben, sie glauben es nicht gar können aber hören sie morgen es schon werden. Leben sie wohl unterdessen, ach mein Arsch brennt mich wie feuer! was muß das nicht bedeuten! — vielleicht will dreck heraus? – ja, ja, dreck, ich kenne dich, sehe dich und schmecke dich — und – was ist das? ists möglich! – ihr Götter! — Mein Ohr, betrügst du mich nicht? – Nein, es ist schon so — welch langer trauriger Ton! — Heut den schreiben fünfte ich dieses. [...] und die jüngere nämlich die Fräul: Josepha bitte ich halt recht um Verzeihung, warum nicht? – warum sollte ich sie nicht um Verzeihung bitten? – curios! – ich wüßte nicht warum nicht? – ich bitte sie halt recht sehr um Verzeihung, daß ich ihr bishero die versprochene Sonate nicht geschickt habe, aber ich werde sie sobald es möglich ist übersenden. warum nicht? was? – warum nicht? warum soll ich sie nicht schicken? [...] Curios. ich wüßte nicht, warum nicht? — Nu also diesen Gefallen

werden sie mir thun? warum nicht? curios! ich thue ihnens ja auch wenn sie wollen, warum nicht? warum soll ichs ihnen nicht thun?* – curios, warum nicht? ich wüßte nicht, warum nicht? […] Nun leben sie recht wohl, ich küsse sie 10000 mal

* Siehe Anhang.

und bin allezeit der alte junge Sauschwanz
Wolfgang Amadé Rosenkrantz.« (5. November 1777)

»Mannheim
Ohne Schleim […]
Ma très chère Cousine
waren Sie nie zu Berlin?
Der aufrichtige wahre Vetter
bei schönen und wilden Wetter
W. A. Mozart
Sch: scheißen: das ist hart.«
(5. Dezember 1777)

So neckisch und voller Freude am Analen äußerte sich Mozart nicht nur Bäsle, sondern auch dem Vater gegenüber. Das belegt ein netter Brief aus Augsburg:

»Es war eine menge Nobleße da, die Ducheße arschbömerl, die gräfin brunzgern, und dann die fürstin riechzumtreck, mit ihrn 2 töchter, die aber schon an die 2 Prinzen Mußbauch vom Sauschwanz verheyrathet sind.«
(17. Oktober 1777)

Eine Frau, von der es heißt, sie sei ein echter Kumpel und man könne mit ihr Pferde stehlen, wird von Männern, die derlei Sprüche mögen, selten begehrt. Mozart hatte viel Spaß mit Bäsle und wußte das zu schätzen, aber er liebte sie nicht. Bäsle aber liebte Wolfgang Amadé, und als sie 1781 ihre uneheliche Tochter Maria Josepha bekam, trug sie sich, frei erfunden, ins Taufbuch mit »Anna Maria Drazin« ein, wie in wehmütiger Erinnerung an ihren lustigen Cousin, der öfter in Spiegelschrift mit »Trazom« unterzeichnet hatte.

Daß der junge Mann auch anders empfinden konnte, zeigte sich, als er Aloysia, ein sechzehnjähriges Mädchen aus Mannheim, kennenlernte. Sie war eine der vier Töchter des Kopisten, Choristen und Souffleurs Franz Fridolin Weber (1733–1779) und seiner Gattin Cäcilia Cordula (1727–1793), und Mozart liebte an ihr nicht nur die herrliche Stimme, sondern auch sonst noch allerlei. Mehr als die Stimme wollte sie ihm aber nicht schenken. So wurde er lediglich ihr Lehrer – und lernte alle Höhen und Tiefen einer Liebe kennen, die sich im Geist erfüllt, was ihr im Fleisch versagt bleibt. Traurig für Mozart. Immerhin: Es war die Begegnung mit Aloysia, die ihn erstmals und für immer aus der vom Vater gewollten Lebensbahn trug.

»sie singt halt recht vortreflich«, schreibt er am 17. Januar 1778, »und hat eine schöne reine stimm. es geht ihr nichts als die action ab,* dann kann sie auf jedem theater die Prima donna machen.« Aloysia Weber ist in der musikalischen Welt zu diesem Zeitpunkt gänzlich unbekannt. In Mozarts spontaner Begeisterung für ihre Stimme zeigt sich der Kenner, denn Mademoiselle Weber wird wenige Jahre später als Spitzen-Primadonna gelten. In einem Brief vom 19. Februar 1778 widerspricht er dem Vater, der Aloysia Weber mit Catarina Gabrielli (1730 bis 1796) verglichen hatte, einer berühmten Sängerin: »Wer die gabrielli gehört hat«, schreibt Wolfgang, »wird sagen, daß sie nichts als eine Pasagen- und Rouladen-macherin war. [...] sie war nicht im stande eine ganze Note gehörig auszuhalten, sie hatte keine meßa di voce, sie wüste nicht zu Souteniren, mit einem wort sie sang mit kunst, aber mit keinem verstand. diese aber (Aloysia) singt zum herzen, und singt an liebsten Cantabile.« Von Mannheim aus will er mit ihr und ihrem Vater für zwei bis drei Tage zum Konzertieren ins Schloß der Prinzessin Caroline von Nassau-Weilburg nach Kirchheimbolanden. Es werden

* Zur Mozart-Zeit liebte man offenbar Sängerschauspieler und wußte mit singenden Kostümständern, wie sie später und bis heute auf den Opernbühnen zu finden sind, nichts anzufangen.

anderthalb Wochen daraus. »Da sang die Madselle Weber 3 arien«, berichtet er, wie nebenbei, aber sichtlich selig, »ich übergehe ihr singen – mit einem Wort vortreflich!« (4. Februar 1778)

Und wenige Tage später, auf die Nachricht von der Hochzeit eines Bekannten in Salzburg hin, philosophiert er sich in einem Brief an seinen Vater, der dadurch alarmiert gewesen sein muß, um Kopf und Kragen: »Das ist halt wiederum eine geld heyrath, sonst weiter nichts. so möchte ich nicht heyrathen; ich will meine frau glücklich machen, und nicht mein glück durch sie machen.« – Beiläufig und mit wachsender satirischer Sprachgewalt verrät der Sohn, wie vertraut ihm die politischen Gedanken sind, die in diesen Tagen überall, besonders aber in Mannheim, aufkommen: »Noble leüte müssen nie nach gusto und liebe heyrathen, sondern Nur aus intereße, und allerhand nebenabsichten; [...] aber wir arme gemeine leüte, wir müssen nicht allein eine frau nehmen, die wir und die uns liebt, sondern wir därfen, können, und wollen so eine nehmen, weil wir nicht Noble, nicht hochgebohren und adlich, und nicht reich sind, wohl aber niedrig, schlecht und arm, folglich keine reiche frau brauchen, weil unser reichthum nur mit uns ausstirbt, denn wir haben ihn im kopf; – und diesen kann uns kein mensch nehmen, ausgenommen mann hauete uns den kopf ab, und dann – brauchen wir nichts mehr.« (7. Februar 1778)

Zum ersten Mal – und nicht zufällig be- und gestärkt durch die Liebe zu einer Frau – traut sich Mozart, Wünsche zu hegen und auch auszusprechen, die den Ansichten des Vaters zuwiderlaufen. Nichts als die Angebetete im Sinn, verliert er rasch die Interessen seiner Familie aus den Augen.

Immer war er das Sorgenkind gewesen, um das man sich mit Rat und Tat kümmern mußte. In Mannheim sieht er sich nun selbst in der Rolle des Helfers und Ratgebers – ist nicht mehr Kind, sondern Freund, nicht mehr Sohn, sondern großer Bruder und, wer weiß?, vielleicht bald schon Gatte. Quell des neuen Lebensgefühls ist die Familie Weber, derentwegen er auch partout nicht weiterreisen will. Die beiden Musikerfreunde Wendling und Ramm*, die eigentlich als Weggefährten ausersehen waren, kann er plötzlich nicht mehr leiden.

Statt dessen bemüht sich Mozart um eine gute Anstellung bei Hof, unterrichtet die Kinder des Kurfürsten, spielt der ältesten Tochter Karoline Luise ein für sie komponiertes Rondo vor, übergibt dem Sohn Karl August die sogenannten FISCHER-VARIATIONEN K. 179, denen ein helles C-Dur-Menuett Johann Christian Fischers zugrunde liegt, ein Stück, dessen schlichte Herzlichkeit Mozart hörbar entsprach und gefiel. Alle Bemühungen sind jedoch vergeblich: Ende 1777 stirbt der bayerische Kurfürst Maximilian III. an den Blattern, Karl Theodor (1724–1799), Kurfürst von der Pfalz, wird sein Nachfolger. »Wegen dem todesfahl des Churfürsten in bairen«, schreibt Mozarts Mutter nach Salzburg, »ist alles in dieffester thrauer, keine opera ... comedi, ball, academie, schlittenfahren, Music, alles ist eingestellt worden ... der Wolfgang hat vill zu thuen mit componieren.«** Doch all das scheint ihm einen willkommenen Vorwand zu liefern, in Mannheim zu bleiben. Mehr noch, in einem Brief an seinen Vater, in dem es auf den ersten Blick um eine Entschuldigung für sein Verhalten geht, schimmert bereits das wachsende Selbstbewußtsein eines bürgerlichen Künstlers durch: »Die hauptursach warum ich mit den leüten nicht nach Paris gehe, habe ich schon im vorigen brief geschrieben. die 2:te ist, weil ich recht nachgedacht habe, was ich in Paris zu thun habe. Ich könnte mich mit nichts fort bringen, als mit Scolaren, und zu der arbeit bin ich nicht gebohren. [...] ich bin ein Componist, und bin zu einem kapellmeister gebohren. ich darf und kann mein Talent im Componiren, welches mir der gütige Gott so reichlich gegeben hat, | ich darf ohne ochmuth so sagen, denn ich fühle es nun mehr als jemals | nicht so vergraben. [...] ich wollte lieber, so zu sagen, das Clavier als die Composition negligiren. denn das Clavier ist nur meine Nebensach, aber gott sey danck, eine sehr starcke nebensach.« (7. Februar 1778)

*Johann Baptist Wendling (1723–1797), berühmter Flötist des Mannheimer Orchesters, und Friedrich Ramm (1744–?), Oboist ebendort.

**Zit. nach Joseph H. Eibl, Wolfgang Amadeus Mozart. Chronik eines Lebens, München 1991, S. 60.

Leopold Mozart kann sich über so viel Entschiedenheit nicht freuen. Er spürt, daß der Einfluß auf seinen Sohn schwindet. »Bis itzt habt ihr eine Spazierreise gemacht«, resümiert der Vater im Spätherbst 1777 den bisherigen Verlauf der Reise, »und ist die zeit mit Unterhaltung und spaß dahingegangen: Nun ist die üble Witterung, der kurze Tag, die kälte schon da, und wird noch mehr kommen, und die aussicht, das ziel, kostbar und entfernt.« Er versucht, Wolfgang zur Vernunft zu bringen, er warnt und droht: »So eine Reise ist kein Spaß, das hast du noch nicht erfahren, man muß andere wichtigere Gedanken im Kopf haben, als Narrenpossen, man muß hundert sachen vorauszusehen bemüht seyn, sonst sitzt man im dreck, ohne Geld, – und wo kein Geld ist, – ist auch kein freund mehr, und wenn du hundert Lecktionen umsonst giebst, Sonaten Componierst, und alle Nächte, statt wichtigen dingen, von 10 uhr bis 12 uhr Sauereien machst … da hört aller spaß einmahl auf – und im augenblicke wird das lächerlichste Gesicht, ganz gewiß ernsthaft.«* Aber Wolfgang, der den Sinn solcher Worte klar erfaßt, macht trotzdem keine Anstalten weiterzureisen. Am wichtigsten scheint es ihm, seinem Herzen zu folgen – und nicht dem Drängen des Vaters, der sich inzwischen für Paris als endgültiges Reiseziel entschieden hat. Wolfgang ignoriert das und wechselt mit der Mutter lediglich in ein preiswerteres Quartier.

* Zit. nach Hanns Josef Ortheil, Mozart im Innern seiner Sprachen, Frankfurt am Main 1982, S. 88 f.

Leopold ist entsetzt und erzürnt über soviel Ungehorsam. Er und Nannerl im fernen Salzburg »beten, arbeiten und sparen«** – und was tut Wolfgang? Ob er wohl »das Salzburger Kreuz, an dem ich hänge schon

** Leonhart, Mozart, S. 55.

vergessen?«[*], will der Vater wissen. Er ist nicht zuletzt wegen der Reisekosten seines Sohnes mit fast 700 Gulden hoch verschuldet (1 Gulden hatte damals ungefähr die Kaufkraft von heute gut 60 Mark). »Ich sehe aus wie der arme Lazarus«, klagt Leopold. Der Schlafrock hänge ihm in Fetzen herab und seidene Strümpfe könne er sich schon lange nicht mehr leisten, er habe nur wollene. Das weiche Flanelleibchen für die Nacht sei zerschlissen und statt neuer Hausschuhe trage er Wolfgangs alte Filzpantinen. Und der Sohn? Geht in Mannheim seinen Vergnügungen nach, seinen Leidenschaften!
Fatal für die Salzburger Familie war, daß Wolfgang Amadé, anders als abgemacht und erhofft, kein Geld nach Hause schickte. Verdient hat er genug, und seine wiederholte Behauptung – in den Briefen aus Mannheim und später auch aus Paris –, von seinen adeligen Gönnern fürs Vorspielen und Unterrichten so gut wie kein Geld bekommen zu haben, deckt sich nicht mit der Wahrheit. Er erhielt beträchtliche Summen – von denen er auch großzügig abgab. Allerdings nicht den Seinen in Salzburg, sondern den Webers in Mannheim, um sie aus Nöten zu retten, die sie ihm »skrupellos vorgespielt«[**] hatten.

* Zit. nach Ortheil, Mozart im Innern seiner Sprachen, S. 111.

** Leonhart, Mozart, S. 55 f.

Nach Wochen des Aufenthalts in Mannheim duldet der Vater, die Weiterreise nach Paris betreffend, kein Säumen mehr: »Dein Vorschlag (ich kann kaum schreiben, wenn ich daran denke), mit Herrn Weber

und NB 2 Töchtern herum zu reisen, hätte mich beinahe um meine vernunft gebracht. – Liebster Sohn! Wie kannst du dich von so einem abscheulichen, dir zugebrachten Gedanken auch nur eine Stunde einnehmen lassen! Dein Brief ist nicht anders als wie ein Roman geschrieben. – Und du könntest dich wirklich entschließen, mit fremden Leuten in der Welt herum zu ziehen? – Deinen Ruhm – Deine alten Eltern – Deine liebe Schwester – auf die Seite zu setzen? – Mich dem Fürsten und der ganzen Stadt, die dich liebt, dem Spott und Gelächter auszusetzen? [...] Es kommt nur auf deine Vernunft und Lebensart an, ob du als ein gemeiner Tonkünstler, auf den die ganze Welt vergißt, oder als ein berühmter Kapellmeister, von dem die Nachwelt auch noch in Büchern liest; oder ob du von einem Weibsbild etwa eingeschläfert mit einer Stube voll notleidender Kinder auf einem Strohsack, oder nach einem christlich hingebrachten Leben mit Vergnügen, Ehre und Nachruhm, mit allem für Deine Familie wohl versehen, bei aller Welt in ansehen sterben willst. Fort mit dir nach Paris! Und das bald! Setze dich großen Leuten an die Seite! – Aut Caesar, aut nihil! Von Paris aus geht der Ruhm und Name eines Mannes von großem Talente durch die ganze Welt.

PS. Die Nannerl hat diese 2 Tage ihren Teil geweint« (12. Februar 1778)

Der Sohn, ganz Unschuld, sieht alles ein. Sagt er jedenfalls. Die Reise nach Kirchheimbolanden, heißt es in seinem Antwortschreiben vom 19. Februar 1778, sei der Mutter Idee gewesen. Nachdem die Mutter aber keine Lust mehr gehabt habe, sei auch ihm die Lust vergangen. »So bald man mir nicht trauet, so traue ich mir selbst nicht mehr.« Dem Eingeständnis der eigenen Unsicherheit folgt aber dennoch ein zager Versuch der Selbstbehauptung. Er betrifft eine von Wolfgang ins Auge gefaßte Italienreise mit seinen Schutzbefohlenen: »Ich habe mir nie etwas anders vorgestellt, als daß sie die Reise mit den Weberischen misbilligen werden. [...] Die zeiten wo ich ihnen auf den Sessel stehend das oragna fiagata fà sang, und sie am Ende auf das Nasenspizl küste, sind freylich vorbey, aber hat dessentwegen meine ehrfurcht, liebe und gehorsam gegen sie abgenommen? – – Mehr sage ich nicht. [...] leben sie wohl. ich küsse 100 000 dero hände und bin dero gehorsamster sohn.«

Wolfgang Amadé war nicht nur in seinem Widerspruch gegen den Vater, sondern in allem, die Musik ausgenommen, ein Spätentwickler. Das zeigte sich auch im erst jetzt – mit zweiundzwanzig – auftauchenden Problem des Bartwuchses. Auf die recht dramatisch klingenden

väterlichen Nachfragen, ob der Bart »weggeschnitten, weggebrannt oder gar wegrasiert« werde, antwortete die Mutter gewissenhaft: »Noch ist der Bart nicht barbiert worden, sondern mit dem Scheerl geschnitten; es wird sich aber nicht mehr tun lassen, mit nächsten wird der Barbier herhalten müssen.«*

* Zit. nach Abert, Mozart, Bd. 1, S. 486.

Obwohl Leopold Mozart den erwachsenen Sohn nach wie vor wie einen unreifen Jüngling behandelte, forderte er ihn doch immer eindringlicher dazu auf, die Familie finanziell zu unterstützen. Wolfgang Amadé seinerseits begann, sich Begründungen für ausbleibende Geldsendungen auszudenken: »Gestern habe ich mit Cannabich zum H: intendant graf Savioli gehen müssen, um mein Praesent abzuholen«, schreibt er am 13. November 1777 an den Vater. »es war so wie ich es mir eingebildet habe. nichts in geld. eine schöne goldene uhr. mir wären aber iezt 10 Carolin lieber gewesen, als die uhr, welche man mit ketten und Devisen auf 20 Carolin schäzet. auf der Reis braucht man geld. Nun habe ich mit dero erlaubniss 5 uhren. ich habe auch kräftig im sinn mir an jeder hosen noch ein uhrtäschl machen zu lassen, und wenn ich zu einem grossen herrn komme, beyde uhrn zu tragen | wie es ohnehin iezt Mode ist | damit nur keinem mehr einfällt mir eine uhr zu verehren.«

Doch Mozart verdiente nicht nur Geld; er erhielt auch zahlreiche intellektuelle Anregungen, denn Mannheim war in jenen Tagen ein Ort des Geistes – und der junge Musiker begegnete dessen Heroen. Mozart war grundsätzlich kritisch gegenüber Autoritäten, aber wenn er – der sich selbst an der Schwelle zur Prominenz sah – Berühmtheiten begegnete, steigerten sich seine Beobachtungsgabe und sein Witz in besonderem Maß: »Nun bin ich mit H: wieland* auch bekannt, er kennt mich aber noch nicht so, wie ich ihn; denn er hat noch nichts von mir gehört. […] er kommt mir im reden ein wenig gezwungen vor. Eine ziemlich kindische stimme; ein beständiges gläselgucken, eine gewisse gelehrte grobheit, und doch zuweilen eine dumme herablassung. mich wundert aber nicht daß er, wenn auch zu weimar oder sonst nicht, sich hier so zu betragen geruhet, denn die leüte sehen ihn hier an, als wenn er vom himmel herabgefahren wäre. man genirt sich ordentlich wegen ihm, man redet nichts, man ist still; man giebt auf jedes wort acht, was er spricht; – nur schade daß die leüte oft so lange in der erwartung seyn müssen, denn er hat einen defect in der Zunge, vermög er ganz sachte redet, und nicht 6 worte sagen kann, ohne einzuhalten. sonst ist er wie wir ihn alle kennen, ein vortreflicher kopf. das gesicht ist von herzen hässlich, mit blattern angefüllt, und eine ziemlich lange Nase.« (27. Dezember 1777)

* Christoph Martin Wieland (1733–1813) schrieb unter anderem die Rokokoromane ›Geschichte des Agathon‹ und ›Der goldene Spiegel‹, das Singspiel ›Alceste‹ und die von Goethe geschätzte, von Mozart und Schikaneder später für das Libretto der ZAUBERFLÖTE verwendete Verserzählung ›Oberon‹.

In Mannheim blühte aber nicht nur das geistige, sondern auch das musikalische Leben: Hier spielte das damals berühmteste Orchester Europas.

HIER KOMMT JA KEINER MEHR DURCH!
DU BIST HEUT AUCH GAR NICHT DRAN!
DER MIT SEINEM PULTWÄRMER?
SCHON WIEDER MOZART HEUT?!
GLAUBEN S EIGENTLIC AN FAGOT
DU HAST DEN BOGEN NOCH NICHT RAUS!
HE, DU HAST SCHWER WAS AUF DEM KASTEN!
GESUNDHEIT GUT UND SCHÖN – ABER DIES IST DAS LETZTE EEG HEUT!
HAT JEMAND MEINE STIMMBÄNDER GESEHEN?

HAU HEUT NICHT WIEDER SO SCHRECKLICH AUF DIE PAUKE!
PETRI HEIL!
?
ER SPIELT TRIANGEL!
MUSST DU DEINE ESS-KLARINETTE ZU JEDER PROBE MITBRINGEN?
JEIN!
?
TOLL, WAS?
ACHGOTT, DIESE FRÜHKLASSIK!
KUCKUCK!
KÖNNTET IHR EUCH NACH 20 JAHREN NICHT ENDLICH VERTRAGEN?!
FÜR MICH IST NOCH NICHT AUFGEBAUT!
VERSUCHEN SIE'S NOCH EINMAL DIREKT BEI HOF, MOZART!
MORGEN GEH ICH!
HÖREN SIE AUF ZU HEULEN, MANN-SONST VERSETZ' ICH SIE ZUR TUBA!

Anders als in Frankreich, wo Paris das unangefochtene kulturelle Zentrum war, fanden sich im Heiligen Römischen Reich des 18. Jahrhunderts die kulturellen Glanzpunkte nicht nur in Berlin und Wien, sondern auch in Kleinstaaten wie der Pfalz. Der Landesherr Karl Theodor hatte es verstanden, in Mannheim eine herausragende Hofkapelle aufzubauen, eine »Armee nur aus Generälen«, wie die Zeitgenossen schwärmten – so auch Mozart: »Cannabich, welcher der beste Director ist den ich je gesehen, hat die liebe und forcht von seinen untergebenen. – er ist auch in der ganzen stadt angesehen, und seine Soldaten auch.« (9. Juli 1778) Mozart, der die Kapelle wiederholt erlebte und mit ihr arbeitete, war tief beeindruckt, auch wenn er sich, wie seinem langen Brief vom 9. Juli 1778 aus Paris zu entnehmen ist, am Ende mit ihr zerstritt. Die Begegnung mit dem Mannheimer Orchester kam jedenfalls der Instrumentationskunst seiner Musik zugute; er lernte dazu. Die Holzbläser beispielsweise wurden zu eigenständigen Trägern des musikalischen Geschehens, das Orchester schwang sich zunehmend zum dramatischen Subjekt auf.

Die von Karl Theodor geförderte Kapelle war der Prototyp des modernen Sinfonieorchesters.* Anders als im Barock, wo bunt zusammengewürfelte Haufen mehr oder minder qualifizierter Instrumentalisten ohne Dirigent – und oft auch, ohne geprobt zu haben – einfach drauflosmusizierten, bereiteten die Mannheimer die Konzerte vor. Der Orchestergründer Johann Stamitz (1717–1757) und sein Nachfolger Johann Christian Cannabich hatten bereits ein ähnliches Selbstverständnis wie heutige Dirigenten: Sie sorgten dafür, daß der Notentext genau beachtet und mit einheitlichem Bogenstrich gegeigt wurde. Die Einsätze kamen exakt, die Orchestergruppen waren klanglich und dynamisch ausbalanciert. Alles in allem entwickelte die Mannheimer Kapelle genau die Virtuosität, die zur Aufführung der affektgeladenen und kontrastreichen Musik der sogenannten Vorklassik nötig war.

* Siehe Anhang.

Besonders gerühmt wurde ihre Kunst, die Dynamik gezielt und innerhalb weniger Takte von leise nach laut anschwellen zu lassen. Dieses Crescendo, »Mannheimer Rakete« genannt, sorgte zusammen mit anderen Finessen des Orchesters für dessen Ruf, in gewisser Weise manieriert zu sein; so sprach Leopold Mozart gern vom »Mannheimer gout«.

Charakteristisch für ein klassisches Sinfonieorchester ist bis heute das Klanggemisch aus Streich-, Holzblas- und Blechblasinstrumenten. Die Geigen, weil einzeln dynamisch zu schwach, sind »chorisch« eingesetzt, mindestens vier spielen eine Stimme der Partitur. »Das orchestre ist sehr gut und starck«, berichtet Mozart am 4. November 1777 nach Hause, »auf jeder seite 10 bis 11 violin, 4 bratschn, 2 oboe, 2 flauti und 2 Clarinetti, 2 Corni [Hörner], 4 violoncelle, 4 fagotti und 4 Contrabaßi und trompetten und Paucken.« So ungefähr waren alle Orchester besetzt, für die er komponierte. Vielleicht waren es hier zwei Kontrabässe weniger und dort zwei Waldhörner mehr (für die Jagd hatte man in den Schlössern immer genug Hörner). Pauken und Trompeten, vom Militär übernommen, kamen zu Mozarts Zeiten entweder zusammen zum Einsatz oder gar nicht. Posaunen gab es nur in repräsentativen Musikstücken, wie in Mozarts REQUIEM, und an besonders dramatischen oder feierlichen Stellen, wie am Ende des DON GIOVANNI oder in der »Szene der Geharnischten« in der ZAUBERFLÖTE.

Im geistigen Klima Mannheims, geprägt durch die nicht nur geographische Nähe zu Frankreich, begegnete Mozart erstmals der politischen Dimension öffentlichen Lebens: Hierhin zog es Leute wie Wieland, hier wurden wenige Jahre später Schillers ›Räuber‹ uraufgeführt, hier »brannte der Boden«, wie sich Ernst Lert etwas hitzig ausdrückte, »in der Glut der literarischen Revolution«. Was Mozart aus Mannheim mitnahm? »Einen aufgewühlten, sprunghaften Geist und Sinn, ein quälendes, brennendes Herz. Auch in seiner Theaterseele stürmte und drängte es nach Wahrheit und Natur. In ihm war jene Zaghaftigkeit, Mutlosigkeit, jener Widerwillen und jenes pochende Fieber, in ihm waren die Seelenstürme, welche der großen künstlerischen Tat vorausbrausen.«*

*Ernst Lert, Mozart auf dem Theater, Berlin 1918, S. 40, 96.

Daß seine Bemühungen um eine Anstellung in Mannheim scheiterten, führte Mozart zu Recht auf die Ignoranz der Aristokratie zurück. Dabei vergaß er freilich die etwas großspurige Art, mit der er seine musikalische Überlegenheit hervorzuheben pflegte; sie wird ihn – neben der Neigung, auf Kränkungen, durch wen auch immer, heftig zu reagieren – bei Vorgesetzten wie Gleichgestellten nicht eben beliebt gemacht haben. Doch Mozart wußte um seine Gegner und zog entsprechende Schlüsse: »Die ganze Welt behauptet daß ich durch mein grossprechen, kritisiren, die Profeßori von der Musick, und auch andere leute zu feinden habe!« (31. Juli 1782) Und taktisch nicht ungeschickt, wenn auch kaum glaubhaft nach der erstaunlichen Langmut, die er bei dem Versuch gezeigt hatte, feudale Gunst zu gewinnen, begründet er seinen Entschluß, nach Frankreich abzureisen, am Ende mit der Arroganz des deutschen Adels. – »Ich habe nun meine ganze hoffnung nach Paris. dann die teutschen fürsten sind alle knicker. ich werde nach allen meinen kräften arbeiten, um bald das vergnügen zu haben, ihnen [dem Vater] aus den dermaligen betrubten umstenden heraus zu helfen.« (7. März 1778)

4

Weit draußen – mitten ins Herz

Am 24. März 1778 treffen Sohn und Mutter nach neuntägiger, anstrengender Reise in Paris ein. Was Mozart dem Vater im folgenden von dort berichtet, mutet vertraut an, denn die Geschäfte laufen auch hier nicht wie erhofft:

»Sie schreiben mir daß ich braf visiten machen werde, um bekandtschaften zu machen, und die alten wieder zu erneüern. daß ist aber nicht möglich. zu fuß ist es überall zu weit – oder zu kothicht, denn in Paris ist ein unbeschreiblicher dreck. in wagen zu fahren – hat man die Ehre gleich des tags 4 bis 5 livres zu verfahren, und *umsonst.* denn die leüte machen halt Complimenten und dann ists aus. […] die franzosen haben lang nicht mehr so viell Politeße, als vor 15 jahren. sie gränzen izt starck an die grobheit. […]
M:r grimm* gab mir einen brief an sie, und da fuhr ich hin. der inhalt dieses briefs war hauptsächlich, mich bey der Ducheße de Bourbon […] zu recomandiren, und mich neüerdings bey ihr wieder bekant zu machen, und sich meiner erinern zu machen. da giengen 8 täg vorbey ohne mindester nachricht; sie hatte mich dort schon auf über 8 täg bestellt, und also hielte ich mein wort, und kamme. da muste ich eine halbe stund in einen Eiskalten, ungeheizten, und ohne mit Camin versehenen grossen Zimmer warten. Endlich kam die D: Chabot, mit gröster höflichkeit, und bat mich mit den Clavier verlieb zu nehmen, indeme keins von den ihrigen zugericht

* Friedrich Melchior Freiherr von Grimm, (1723–1807) lebte zwischen 1748 und 1790 in Paris, wo unter Mitwirkung von Diderot, Madame d'Épinay und anderen die berühmte ›Correspondance littéraire‹ entstand, ein Briefwechsel über das französische Geistesleben.

seye; ich möchte es versuchen. ich sagte: ich wollte von herzen gern etwas spiellen, aber izt seye es ohnmöglich, indemme ich meine finger nicht empfinde für kälte; und bat sie, sie möchte mich doch aufs wenigste in ein Zimmer wo ein Camin mit feüer ist, führen lassen. O oui Monsieur, vous avés raison. das war die ganze antwort. dann sezte sie sich nieder, und fieng an eine ganze stunde zu zeichnen en Compagnie anderer herrn, die alle in einen Circkel um einen grossen tisch herumsassen. da hatte ich die Ehre eine ganze stunde zu warten. fenster und Thürn waren off. ich hatte nicht allein in händen, sonder in ganzen leib und füsse kalt; und der kopf fieng mir auch gleich an wehe zu thun. da war also altum silentium. und ich wuste nicht was ich so lange für kälte, kopfweh, und langeweile anfangen sollte. [...]
Endlich, um kurz zu seyn, spiellte ich, auf den miserablen Elenden Pianoforte. was aber das ärgste war, daß die Mad:me und alle die herrn ihr zeichnen keinen augenblick unterliessen, sondern immer fortmachten, und ich also für die sessel, tisch und mäüern spiellen muste. bey diesen so übel bewandten umständen vergieng mir die gedult – ich fieng also die fischerischen Variationen an [K. 179°]. spiellte die hälfte und stund auf. da warn menge Eloges. ich aber sagte was zu sagen ist, nemlich daß ich mir mit diesen Clavier keine Ehre machen könnte, und mir sehr lieb seye, einen andren tag zu wählen, wo ein bessers Clavier da wäre. sie gab aber nicht nach, ich muste noch eine halbe stunde warten, bis ihr herr kam. der aber sezte sich zu mir, und hörte mit aller aufmercksamkeit zu, und ich – ich vergaß darüber alle kälte, kopfwehe, und spiellte ungeachtet den Elenden clavier so – wie ich spielle wenn ich gut in laune bin. geben sie mir das beste Clavier von Europa, und aber leüt zu zuhörer die nichts verstehen, oder die nichts verstehen wollen, und die mit mir nicht Empfinden was ich spielle, so werde ich alle freüde verlieren. [...] wenn hier ein ort wäre, wo die leüte ohren hätten, herz zum empfinden, und nur ein wenig etwas von der Musique verstünden, und gusto hätten, so würde ich von herzen zu allen diesen sachen lachen, aber so bin ich unter lauter vieher und bestien / was die Musique anbelangt.« (1. Mai 1778)
Mozart war nicht gern in Frankreich; vieles störte ihn, und selbst mit dem gemeinhin gerühmten Klang der Sprache konnte er sich nicht anfreunden: »wenn ich eine opera zu machen bekomme, so werde ich genug verdruß bekommen [–] wenn nur die verfluchte französische

sprache nicht so hundsfüttisch zur Musique wäre! – das ist was Elendes – die Teütsche ist noch göttlich dagegen. – und dann erst die sänger und sängerinen – man solle sie gar nicht so nennen – denn sie singen nicht, sondern sie schreyen – heülen – und zwar aus vollem halse, aus der Nase und gurgel.« (9. Juli 1778)
Zudem vermißte er Anerkennung und den nötigen Respekt. Bei allem Verständnis für seine Empörung drängt sich hier freilich auch der Verdacht auf, daß Mozart das Ausbleiben der in Salzburg dringlich erwarteten Geldsendungen rechtfertigen wollte. »Stellen sie sich vor«, berichtet er am 31. Juli 1778 aus der französischen Metropole, »der Duc de guines, wo ich alle tage kommen, und 2 stunden bleiben muste, – liess mich 24 lectionen machen, (wo man allzeit nach der 12ten zahlt), gieng in die Campagne – kam in 10 tägen zurück ohne mir etwas sagen zu lassen – wenn ich nicht aus forwitz selbst angefragt hätte, so wüste ich noch nicht daß sie hier sind – und Endlich ziehte die gouvernante einen beutel heraus, und sagte mir; verzeihen sie, daß ich ihnen für diesesmahl nur 12 lectionen zahle, denn ich hab nicht geld genug – Das ist Nobl! [...] er wollte mir also für 2 stunde eine stunde zahlen – und dieß aus egard, weil er schon 4 Monath ein Concert auf die flöte und harpfe [Konzert für Flöte und Harfe C-Dur K. 299°] von mir hat, welches er mir noch nicht bezahlt hat. [...] was mir den grösten verdruß hier macht, ist, daß die dummen franzosen glauben ich seye noch sieben jahr alt weil sie mich in diesem alter gesehen haben – Das ist gewis wahr. Die Mad: d'Epinai [die Lebensgefährtin Grimms] hat es mir in allem Ernst gesagt – man tractirt mich hier also als einen anfänger.« (31. Juli 1778)

Über die Rolle, die der in Paris lebende Melchior Grimm für Mozart spielte, streiten sich die Experten bis heute. Wirkt er beim ersten Parisbesuch der Mozart-Wunderkinder noch eindeutig als Helfer, sehen beim zweiten viele Biographen in ihm lediglich einen »halbherzigen Betreuer«, dem Mozart »höchst ambivalente Gefühle« entgegengebracht habe.* Wie das Verhältnis der beiden wirklich gewesen ist, wissen wir nicht. Aber in einem Punkt herrschte, wie Mozart selbst schrieb, vorerst zumindest Einverständnis: »Ban grimm und ich, lassen oft unsern Musikalischen Zorn über die hiesige Musique aus« (5. April 1778).

* Siehe Hildesheimer, Mozart, S. 82.

VOUS-AVEZ RAISON!

Diese Bemerkung spielte vor allem auf den sogenannten Buffonistenstreit an: Seit der Italiener Giovanni Battista Pergolesi in der Mitte des 18. Jahrhunderts mit seiner frischen ›Serva padrona‹ Bewegung in die bis dahin von Jean-Baptiste Lully und Jean-Philippe Rameau geprägte Opernlandschaft gebracht hatte, stritt man sich, ob künftig der französischen tragisch-lyrischen Oper oder der italienischen heiteren Buffo-Oper der Vorzug zu geben sei, einer neuen, »bürgerlichen« Musik oder einer veralteten, »aristokratischen«. 1778 neigte sich der Streit gerade seinem Ende zu, denn Christoph Willibald Gluck war es gelungen, eine fast alle Lager überzeugende Lösung zu finden: Viel »neu« und wenig »alt« wurden in seinen »Reformopern« zu »einfach gut«.* Irgendwann während dieser Zeit geriet Mozart, der seit Juli bei Grimm wohnte, unerwarteterweise mit dem Freiherrn wegen musikalischer Fragen aneinander und machte ihn plötzlich schlecht: »er hat wollen ich soll immer zum Piccini** laufen, und auch zum Caribaldi*** – denn

* Siehe dazu Abert, Mozart, Bd. 1, S. 526 f., und Georg Knepler, Wolfgang Amadé Mozart. Annäherungen, Berlin 1991, S. 71 f.

** Niccolò Piccini, einflußreicher Verfechter der Buffo-Oper.

*** Gioacchino Caribaldi, römischer Tenor.

man hat izt eine Miserable opera buffa hier – und ich habe allzeit gesagt: nein, da gehe ich keinen schritt hin; Etc: mit einem wort, er ist von der welschen Partie – ist falsch.« (11. September 1778)
Die Zeiten, da beide ähnlich über die neuesten Fragen der Musik, des Geisteslebens und der Politik gedacht hatten, waren offenbar vorbei. Zudem machte Grimm Mozart nun Vorwürfe allgemeinerer Art: »Sie sind nicht genug activ – sie laufen nicht genug herum.« Grimm meinte nicht ganz zu Unrecht, der junge Musiker sei zu treuherzig, wenig tatkräftig und allzu leicht zu täuschen. Zwar erhielt Mozart Kompositionsaufträge und schrieb in Paris zwei SINFONIEN (K. 297°und eine verschollene), eine SINFONIA CONCERTANTE (K. 279b), das erwähnte KONZERT FÜR FLÖTE UND HARFE, eine BALLETTMUSIK (K. Anh. 10) und Kammermusik (die KLAVIERSONATEN a-moll K. 310°, K. 330 und K. 332 sowie die SONATEN FÜR KLAVIER UND VIOLINE e-moll K. 304° und K. 306; zwar wurde ihm die Stelle des Hoforganisten in Versailles angetragen; erreichte ihn der Auftrag für ein Oratorium zur nächsten Fastenperiode; und sogar über die Komposition einer Oper verhandelte er.* Und doch tat er sich merkwürdig schwer, sich und seine Produktion der Stadt angemessen zu präsentieren. Es gab auch, wie Mozart es nannte, »hakeleyen«, etwa mit Monsieur Le Gros, dem einflußreichen Chef der Pariser Konzertreihe »Concerts Spirituels«, der an seiner Musik herummäkelte. So mußte er für die Wiederholungsaufführung der SINFONIE K. 297 am 15. August 1778 – die Premiere hatte im Juni im Schweizer Saal der Tuilerien stattgefunden – eine zweite Version des Andante komponieren, und der trotz Mozarts Aversion gegen die französische Sprache heißersehnte Opernauftrag blieb aus. Von seinen Kompositionen wurden nur die zwei SINFONIEN und die BALLETTMUSIK zu ›Les petits rien‹ aufgeführt, die SINFONIA CONCERTANTE und das KONZERT nicht.

* Siehe Abert, Mozart, Bd. 1, S. 593.

Denkbar ist auch, daß Freiherr von Grimm mit dem Finanzgebaren seines Gastes nicht einverstanden war, denn Mozart spielte, was seine Einnahmen betraf, nach wie vor mit verdeckten Karten. Sein Herz schlug immer noch heftig für Aloysia, und er blieb dabei, viel Geld an die Familie Weber in Mannheim zu senden und nichts an die darbenden Verwandten in Salzburg. Daß er nicht schlecht verdiente, ist so gut wie sicher. Man könne dem französischen Adel, merkt die Mozart-Biographin Leonhart an, alles vorwerfen, nicht aber Angst vor Verschwendung. Daran habe sich – ein Jahrzehnt später rechnete die Revolution damit ab – seit dem ersten Parisbesuch der Mozarts nichts geändert. Vor der Abreise schuldete Mozart Grimm 15 Louisdor, das waren 165 Gulden und wären heute etwa 10.000 Mark. Nicht eben wenig – und zurückgezahlt hat er sie nie.

Mozart nahm allerdings auch noch einiges andere aus der französischen Hauptstadt mit: opernästhetisches Wissen beispielsweise, das er sich in den Gesprächen mit Grimm angeeignet hatte, oder zahlreiche Eindrücke von Aufführungen. All das wurde zwei Jahre später, im IDOMENEO, deutlich hörbar.
Schon mit Kompositionen wie der in Paris entstandenen KLAVIERSONATE a-moll hatte Mozart neue Wege beschritten, die auch Teil eines umfassenderen Umbruchs waren. Sonaten und Kammermusik waren bislang hauptsächlich für wohlhabende Kenner bestimmt gewesen; nun jedoch erweiterte sich der Adressatenkreis zusehends. Hier beginnt die musikalische Erkundung bürgerlicher Identität, die wenig

später von Beethoven auf einen frühen Höhepunkt geführt wurde. »Mozart war in einen jener seltenen historischen Momente hineingeboren, da neue Formen öffentlicher Bewußtseinsbildung nicht nur möglich, sondern geradezu notwendig werden.«*

* Knepler, Mozart, S. 153.

In Paris verfeinerte Mozart das, was man heute Sonatenstil nennt, und vor allem entfernte er sich immer weiter von dem höfischen Musikstil, den er in Salzburg hatte pflegen müssen und mit dem ihn merkwürdigerweise heute noch viele Menschen nahezu ausschließlich in Verbindung bringen. Zwar gab es auch vor der Zeit der Reisen nach Mannheim und Paris Werke, die eine neue Richtung markierten – das KLAVIERKONZERT K. 271° oder die SINFONIEN K. 183° und K. 201° – und in denen sich erstmals ein dramatischer Mozart mit einem gewissen Hang zur Düsternis bemerkbar machte, neben dem bekannten Mozart mit seinem Hang zu Spiel und heiterer Versonnenheit. In Stücken wie der a-moll-KLAVIERSONATE oder der e-moll-SONATE FÜR KLAVIER UND GEIGE reift eine Sprache, die Raum für dunkel drängende Schicksalstöne läßt, nicht deklamatorisch, wie bei Beethoven, sondern unvermittelt und oft rätselhaft schön. »Nicht einmal die Wendung nach C-Dur am Ende der Exposition des ersten Satzes bringt eine Aufhellung«, schrieb der Musikkritiker Alfred Einstein über die SONATE a-moll K. 310. »Und auch im langsamen Satz, ›con espressione‹, beginnt die Durchführung zwar einigermaßen tröstlich, aber der Gesamteindruck haftet doch an ihrer unheimlichen Erregung vor der Reprise; und unheimlich von Anfang bis Ende ist das schattenhafte Presto.«**

** Alfred Einstein, Mozart. Sein Charakter, sein Werk, Frankfurt am Main 1987, S. 240.

Doch nicht nur musiktheoretische Themen beschäftigen Mozart, auch im Zwischenmenschlichen passiert so manches. Er vermutet, daß Intrigen gegen ihn gesponnen werden und dahinter ein gewisser Cambini*** stecke, ein »welscher maestro«, dem er »unschuldigerweis« während des ersten Treffens beim Direktor Le Gros die »augen ausgelöscht« habe. Mozart kannte einige Quartette Cambinis von Mannheim her. »Die lobte ich ihm dan; und spiellte ihm den anfang; da war aber der Ritter, Ram und Punto [befreundete Musikerkollegen aus Mannheim] und liessen mir keinen fried, ich möchte fortfahren, und was ich nicht weis, selbst dazu machen. da machte ich es den also so.

*** Giuseppe Cambini (1746–1825), italienischer Geiger und Komponist.

und Cambini war ganz ausser sich; und konnte sich nicht enthalten zu sagen, questa è una gran Testa! Nu, das wird ihm halt nicht geschmeckt haben.« (1. Mai 1778)

Darüber hinaus war Mozart ein höchst kompetenter und einfühlsamer Lehrer, der klare Vorstellungen von Gesangstechnik, dramatischem Realismus und psychologischer Stimmigkeit der Musik hatte, wie ein Brief an seine Gesangsschülerin Aloysia Weber zeigt: »Sie würden mir die größte Freude machen, wenn Sie sich jetzt mit allem Eifer meiner ›Andromeda‹-Scena ›Ah lo previddi!‹ [K. 272] annehmen würden; denn ich versichere Ihnen, daß sie sehr gut für Sie paßt – und daß Sie damit Ehre einlegen werden – vor allem lege ich Ihnen den Ausdruck nahe – empfehle Ihnen, über den Sinn und die Macht der Worte nachzudenken – sich ernsthaft in den Zustand und die Situation der Andromeda zu versetzen – sich vorzustellen, Sie selbst seien diese Person.« (30. Juli 1778)

Bisweilen erinnert er sich allerdings auch gern wieder der Schülerrolle. Dem Vater berichtet er, »der kapellmeister Bach [Johann Christian Bach] wird auch bald hier seyn« (9. Juli 1778). Und dann begegnet Mozart dem alten Meister: »seine freüde, und meine freüde, als wir uns wiedersahen können sie sich leicht vorstellen. – ich liebe ihn (wie sie wohl wissen) von ganzen herzen und habe hochachtung für ihn, und er – das ist einmal gewis – daß er mich sowohl zu mir selbst, als bey andern leüten nicht übertrieben, wie einige, sondern ernsthaft – wahrhaft – gelobt hat.« (27. August 1778)

Das einschneidendste Erlebnis während Mozarts Parisaufenthalt war jedoch zweifellos der Tod der Mutter. Am 24. Juni 1778 hatte Mozart einen Arzt für sie geholt; einige Tage vorher war sie, die sich über »frost« und »hitzen« beklagt hatte, bereits zur Ader gelassen worden. Ihr Zustand verschlechterte sich rapide, und bald darauf verlor sie das Bewußtsein. Am 30. Juni erhält sie die Letzte Ölung, am 3. Juli stirbt sie, im Beisein ihres Sohnes, abends kurz nach zehn Uhr. Es verwundert, daß Mozart, in der Nacht allein mit der toten Mutter, die Nachricht zuerst an den Abbé Bullinger übermittelt, einen Salzburger Freund der Familie.

K.310

»Trauern sie mit mir, mein freünd! – dies war der Trauerigste Tag in meinem leben – dies schreibe ich um 2 uhr nachts – ich muß es ihnen doch sagen, meine Mutter, Meine liebe Mutter ist nicht mehr! – gott hat sie zu sich berufen – er wollte sie haben, das sahe ich klar [...] sie starb ohne das sie etwas von sich wuste – löschte aus wie ein licht. [...] ich bin der Meynung daß sie hat sterben müssen – gott hat es so haben wollen. ich bitte sie unterdessen um nichts als um das freünd-stück, daß sie meinen armen vatter ganz sachte zu dieser trauerigen nachricht bereiten – ich habe ihm mit der nehmlichen Post geschrieben – aber nur daß sie schwer krank ist.« (3. Juli 1778)

Dem Vater, soll das heißen, hatte er am 3. Juli in einem Brief lediglich mitgeteilt, daß die Mutter hohes Fieber habe und phantasiere: »Man giebt mir hofnung; ich habe aber nicht viell – ich bin nun schon lange Tag und nacht zwischen forcht und hofnung.« So schreibt ein zartfühlender Sohn, der den Vater nicht jäh mit dem Tod der Gattin konfrontieren will. Aber auch ein Mensch, der – vielleicht aus Angst, vielleicht aus Unsicherheit – seine Gefühle nicht geradeheraus äußern kann. Er verschweigt den Tod der Mutter, berichtet dagegen von dem Krankheitsverlauf und den Heilungsversuchen und geht vor allem unvermittelt zu anderem über: zu der erfolgreichen Aufführung seiner SINFONIE K. 297 und einem anschließenden Eisdielenbesuch. »Ich gieng also gleich für freüde nach der Sinfonie ins Palais Royale – nahm ein guts gefrornes – bat den Rosenkranz den ich versprochen hatte – und gieng nach haus. – wie ich allzeit am liebsten zu hause bin, und auch allzeit an liebsten zu hause seyn werde – oder bey einen guten wahren redlichen teütschen.« (3. Juli 1778)

Seit er Salzburg verlassen hatte, empfand Mozart dem Vater gegenüber ein besonders tiefes Schuldgefühl. Auch und gerade jetzt brach es wieder hervor, schließlich hatte er die Mutter – nicht während der letzten zwei Wochen, aber die Monate davor – oft allein gelassen. Ohnehin, so läßt sich seinen Briefen entnehmen, bedurfte dieses Schuldgefühl und der damit verbundene Wankelmut seiner Seele keiner konkreten Anlässe mehr. Es war wohl älteren Datums, hatte sich tief eingegraben – und Leopold Mozart appellierte offenbar öfter daran: »ich hoffe, daß Du, nachdem Deine Mutter mal à propos in Paris hat sterben müssen, Du Dir nicht auch die Beförderung des Todes Deines Vaters über Dein Gewissen ziehen willst«, schrieb er am 19. November 1778. Die Ungeheuerlichkeit solcher Vorwürfe läßt die tiefe Verletztheit des Vaters erkennen. Sie legt allerdings auch die Vermutung nahe, daß Wolfgangs Gewissen hier nicht zum ersten Mal so schwer belastet wurde. Leopold Mozart hielt moralischen Druck offenbar für ein probates und legitimes Erziehungsmittel. Wolfgangs Schuldgefühle haben ergo eine lange Vorgeschichte. Er muß sich dagegen verwahren, und das tut er wahrscheinlich in dem dritten Brief, den er in der Nacht vom 3. auf den 4. Juli schreibt. In dem Brief an den Vater muß er sich krümmen. In dem Brief an Bullinger richtet er sich auf. Und in jenem dritten Brief kann er der Überlegene sein; das beruhigt. Der Adressat: Fridolin Weber.

Noch bis in die letzten Tage seines Parisaufenthaltes hegt Mozart die Hoffnung, Aloysia erobern zu können; Fridolin Weber schlägt er sogar vor, mit seiner Tochter im Winter 1778/79 in die französische Hauptstadt zu kommen – vergeblich. Dennoch zögert er die Abreise immer weiter hinaus. Vater Leopold drängt und wird ärgerlich, denn er hat seinem Sohn die alte Salzburger Stelle wieder beschafft. »Der Erzb: hat alles accordiert«, schreibt er am 31. August 1778, »du wirst als Concertmeister wie vorhero decretiert werden.«

Im September zieht die Familie Weber von Mannheim nach München,

Aloysia ist dort als Primadonna an der Hofoper engagiert, Fridolin Weber als Chorist und Souffleur. Am 8. September wird Mozarts zweite – leider verschollene – Pariser SINFONIE in den ›Concerts Spirituels‹ aufgeführt. Am 26. September reist er endlich ab – voll Trübsal. Seine Empfindungen spiegeln sich in den Briefen, die er zwischen Anfang August und Ende Dezember schreibt:

»Sie wissen, bester freünd« – die Anrede hier ist neu und bleibt einmalig in Mozarts Briefen an den Vater –, »wie mir Salzburg verhasst ist! – nicht allein wegen den ungerechtigkeiten die mein lieber vatter und ich aldort ausgestanden, welches schon genug wäre, um so ein ort ganz zu vergessen, und ganz aus den gedancken zu vertilgen! – aber lassen wir nun alles gut seyn – es soll sich alles so schicken, daß wir gut leben können; – gut leben, und vergnügt leben, ist zweyerlei, – und das lezte würde ich (ohne hexerey) nicht können; es müste wahrhaftig nicht natürlich zugehen! – und das ist nun nicht möglich, denn bey iezigen zeiten giebt es keine hexen mehr.« (7. August 1778)

»Das einzige, ich sage es ihnen wie es mir ums herz ist, was mich in Salzbourg degoutirt, ist, daß man mit den leüten keinen rechten umgang haben kann – und daß die Musique nicht besser angesehen ist – und – daß der Erzbischof nicht gescheüten leüten, die gereiset sind, glaubt – denn, ich versichere sie, ohne reisen / wenigstens leüte von künsten und wissenschaften / ist man wohl ein armseeliges geschöpf! – und versichere sie, daß, wenn der Erzbischof mir nicht erlaubt alle 2 jahre eine Reise zu machen, ich das Engagement ohnmöglich annehmen kann; ein Mensch von mittelmässigen Talent bleibt immer mittelmässig, er mag reisen oder nicht – aber ein Mensch von superieuren Talent / welches ich mir selbst, ohne gottlos zu seyn, nicht absprechen kan / wird – schlecht, wenn er immer in den nemlichen ort bleibt.« (11. September 1778)

»Ich habe nun 8 tage in diesen wagen ausgehalten; länger wäre ich es aber nicht im stande nicht wegen der strapaz, denn der wagen ist gut gehenckt, sondern nur wegen den schlafen; alle Tage um 4 uhr weg, mithin um 3 uhr aufstehen; 2 mal habe ich die Ehre gehabt um 1 uhr nachts aufzustehen, weil der wagen um 2 uhr weggieng; sie wissen daß ich in wagen nicht schlafen kann – mithin könnte ich es ohne gefahr kranck zu werden, nicht so fortsetzen.« (3. Oktober 1778)

»Zu Salzburg weis ich nicht wer ich bin – ich bin alles – und bisweilen auch gar nichts.« (15. Oktober 1778)

»Der Erzbischof kan mich gar nicht genug bezahlen für die sclaverey in salzbourg! wie ich sage, ich empfinde alles vergnügen wenn ich gedencke ihnen eine visite zu machen – aber lauter verdruß und angst, wenn ich mich wieder in diesen bettlhof sehe! – Der Erzbischof darf mit mir gar noch nicht den grossen, wie er es gewohnt war, zu spiellen anfangen – es ist gar nicht unmöglich daß ich ihm eine Nase Drehe!« (12. November 1778)

Vorerst aber kommt es nicht zum Nasedrehen – sondern zum Rückgratverbiegen:

»Ihro Hochfürstlich Gnaden!
Hochwürdigster des Hl. Röm. Reichs Fürst!
Gnädigster Landesfürst und Herr Herr!
Euer Hochfürstlich Gnaden etc. hatten die Höchste Gnade nach dem Absterben des Cajetan Adlgassers in Höchstdero Dienste mich gnädigst anzunehmen: bitte demnach unterthänigst als Höchstdero Hoforganisten mich gnädigst zu decretieren. Dahin, als zu all andern Höchsten Hulden und Gnaden mich in tiefster Unterthänigkeit empfehle
Euer Hochfürstlich Gnaden
meines gnädigsten Landes Fürsten
und Herrn Herrn
unterthänigster und gehorsamster
Wolfgang Amadé Mozart«

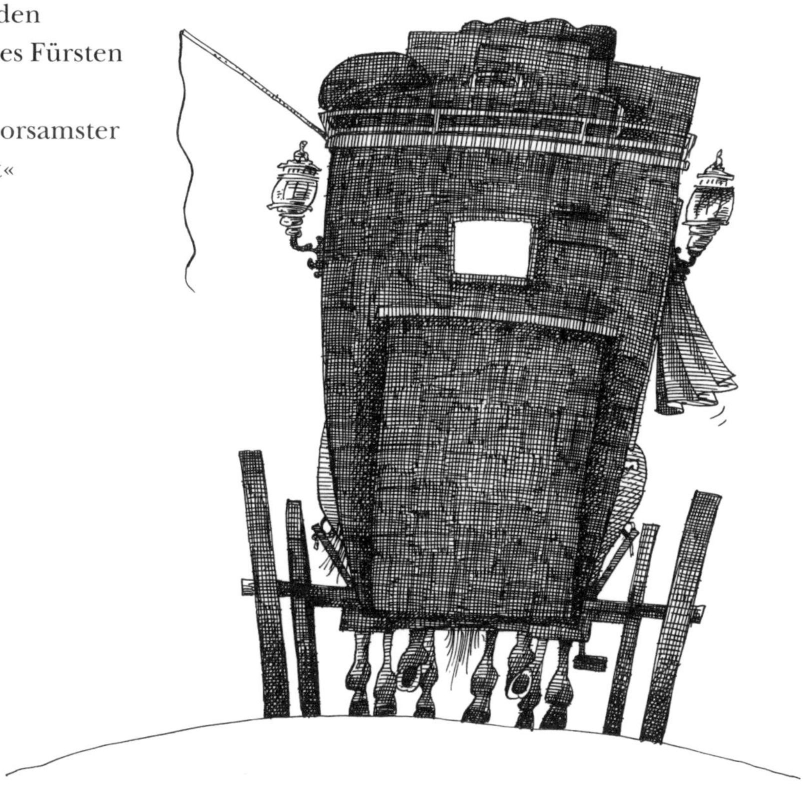

»über das träumen halte ich mich nicht auf, den da ist keyn sterblicher auf dem ganzen erdboden, der nicht manchmal träumet! – allein: lustige träume – ruhige träume, erquickende, süsse träume! – das ist es! – träume, die, wenn sie wirklich wären, mein mehr trauriges als lustiges leben leidentlich machen würden.« (31. Dezember 1780)

5

Wien zum ersten

Gegen das ausdrückliche Verbot des Vaters machte Mozart auf der Rückreise in Mannheim Station – aber Aloysia war schon fort. Nun in München, wo er »beym weberischen« wohnt, steht er vor ihr, die Taschen voller Arien, eigens für sie komponiert, das klopfende Herz voller Hoffnungen auf ein Leben zu zweit. Auge in Auge kann er sie endlich fragen. Doch Aloysia weist ihn ab – sie wird nur wenige Monate später den Wiener Hofschauspieler Joseph Lange heiraten –, und Mozart ist deprimiert wie nie zuvor in seinem Leben. Schon auf der Anreise – eine Vorahnung? – hatte er das Bäsle gebeten, ihm nach München zu folgen. »Sie werden vielleicht eine grosse rolle zu spiellen bekommen«, schrieb er ihr am 23. Dezember 1778 aus Kaisheim. Nun tröstet sie den liebeskranken Vetter, begleitet ihn Mitte Januar nach Salzburg, und auch der Vater will ihn aufheitern. Ein neuer Mantel wird gekauft, und die Köchin Theresl bereitet Mozarts Lieblingsessen, einen Kapaun.* Aber es will alles nichts helfen; er ist untröstlich, allein in der Arbeit findet er Zuflucht. Wir, die späten Nutznießer dieser Lebenskrise, dürfen so gefühllos sein und es aussprechen: Der Liebesschmerz ließ Mozart und seine Musik erheblich reifen.

* Abert, Mozart, Bd. 1, S. 622 ff.; Kapaunrezept siehe Anhang.

Schon im März des neuen Jahres 1779 ist die MESSE K. 317° fertig, im Sommer die SINFONIA CONCERTANTE für Geige und Bratsche K. 364°. Die berühmte Böhmsche Truppe kommt nach Salzburg, und Mozart schreibt für sie das unvollendet gebliebene Singspiel ZAIDE K. 344°. Im September komponiert er die HAFFNER-SERENADE K. 250°. Doch Mozart arbeitet nicht nur viel, er knüpft auch wichtige Kontakte. Im September 1780 beispielsweise begegnet er beim »Pölzlschießen« und Kegelschieben erstmals Emanuel Schikaneder (1751–1812), der den Mozarts für die gesamte Wintersaison freien Eintritt ins Salzburger Theater gewährt, wo Schikaneder mit seiner Truppe gastiert.* Etwa um dieselbe Zeit will Kurfürst Karl Theodor für sein Münchner Hoftheater und die von ihm aus Mannheim nahezu geschlossen »importierte« Kapelle, die somit Vorläufer der Münchner Philharmoniker ist, eine neue Oper haben. Und Mozart soll der Komponist sein. Der bittet den Kaplan Varesco (1736–1805) aus Salzburg, ein Libretto nach einer alten Vorlage zu schreiben, den IDOMENEO K. 366°. Als Mozart am 5. November nach München abreist, um die Oper dort fertigzustellen und einzustudieren, hat er Teile der neuen Partitur im Gepäck. »ich habe die letzte aria für den Raaff** |: welcher sich ihnen entgegen empfehlt |:, die 2 Trompetten Sordinen [Trompetendämpfer], ihr leztes schreiben vom 15:ten, und das Paar unterstrümpf richtigst erhalten«, schreibt er am 19. Dezember 1780 an seinen Vater. Der Briefwechsel ist ein Glücksfall, denn Mozart erläutert darin minutiös die Absichten und Motive, die seiner Komposition zugrunde liegen, entwickelt in nuce seine Opernästhetik und erweist sich zugleich als Theatermann, kürzt hier eine Arie, ersetzt dort das Ballett durch einen Chor; die Geisterstimme aus dem Off etwa, anfangs zweiundachtzig Takte lang, hat am Ende noch ganze neun.

*Am 26. September 1780 sehen die Mozarts ›Emilia Galotti‹, am 11. Oktober Beaumarchais' ›Barbier von Sevilla‹, am 13. Oktober Shakespeares ›Hamlet‹. Siehe Einstein, Mozart, S. 106.

**Anton Raaff (1714–1797), Tenor, Sänger des Idomeneo in der Uraufführung.

In den IDOMENEO-Briefen taucht ein radikaler Anspruch auf: Opernhandlungen, meint Mozart nicht zufällig, müssen kurz und prägnant sein. In Friedrich Melchior Grimms Enzyklopädie-Artikel von 1765 über das Opernlibretto war zu lesen: »So muß auch der Gang des Librettos immer *rapide* sein. Die langen und überflüssigen Dialoge könnten nirgendwo deplacierter sein als hier.«* Auch Mozarts berühmte

* Zit. nach Knepler, Mozart, S. 79.

Forderung, daß die »Poesie der Musick gehorsame Tochter« zu sein habe, und seine Gewohnheit, von nun an an jedem seiner Libretti prägend mitzuarbeiten, sind ersichtlich von Überlegungen Grimms angeregt. Mozarts Gespräche mit ihm zeitigten tiefgreifende Wirkungen. Die neue Dramaturgie des Idomeneo mußte er bei Librettist und Sängern erst durchsetzen. Die Gattung selbst war kein Problem; Mozart

hatte vom Textdichter Giambattista Varesco das konzeptionelle Gerüst einer Opera seria vorgegeben bekommen, eine 1780 bereits veraltete Opernart. In Paris hatte er gehört, wie man sie wieder mit Leben erfüllen konnte; vom frischen Erlebnis der Pariser Musik angeregt, machte er nun aus Glucks Reform Mozarts Realismus; er schwelgte in neuartigen Chören und, besonders neu, in effektvollen und erstmals wirkliche Gefühle schildernden Orchesterrezitativen. Wie in keiner späteren Opernpartitur ließ er im IDOMENEO seine Phantasie vom »instrumentalen Glanz und Reichtum« leiten, den das Münchner Spitzenorchester bot.*

* Siehe Stefan Kunze, Mozarts Opern, Stuttgart 1996, S. 113 f.

Die Oper, mit der er eigenem Bekunden nach ein »Chiaroscuro«, ein kunstvolles Ineinander von hell und dunkel schaffen wollte – und geschaffen hat –, dürfte ihn auch vom Inhalt und von der Problematik her interessiert haben. Denn hier wird ein Vater (der kretische König Idomeneo) seinem Sohn (Idamante) gegenüber schuldig. In der höchsten Not – ein schlimmer Orkan tobt – verspricht Idomeneo während einer Schiffsreise dem Meeresgott Poseidon für den Fall seiner Rettung, den ersten Menschen zu opfern, der ihm am Strand begegnet –

und das ist natürlich sein Sohn. Der aber hält die Bestürzung des Vaters bei der Begegnung am Strand für Lieblosigkeit, eine Konstellation, die Mozart, was die Gefühle anbelangt, bekannt vorgekommen sein dürfte – zumindest unbewußt. Bei den Frauengestalten der Oper, der warmherzigen Prinzessin Ilia und der zornigen Rachegöttin Elektra, bekommt er überdies erstmals Gelegenheit, meisterhaft zu zeigen, wie gut er die verschiedenen Erscheinungsformen der Liebe darzustellen versteht.

Der Idomeneo, der »die Grenzscheide zwischen dem ›jungen‹ und dem ›reifen‹ Mozart«* markiert, wurde am 29. Januar 1781 im Münchner Hoftheater, dem späteren Residenztheater, uraufgeführt. Vater und Schwester waren zugegen. Am 3. Februar und am 3. März gab es Wiederholungen. Außer einer Privataufführung im Palais Auersperg 1786 in Wien, die der Komponist selbst leitete, sind keine weiteren Darbietungen zu Mozarts Lebzeiten bekannt. Gleichwohl erfreute sich die Oper bei ihrem Schöpfer stets allerhöchster Wertschätzung.

* Abert, Mozart, Bd. 1, S. 695.

Mozart blieb so lange in München, bis der Erzbischof ihn – er hatte seinen Urlaub inzwischen um mehr als zwei Monate überzogen – dringend nach Wien zitierte, wo sein Dienstherr zu Besuch beim Kaiser weilte. Mitte März kehrte er zurück in die ebenso gewohnte wie verhaßte Umgebung der erzbischöflichen Dienstmannschaft. »um 12 uhr zu Mittage«, schreibt Mozart an seinen Vater, »– leider für mich ein bischen zu frühe – gehen wir schon zu tische – da speisen die 2 Herrn Herrn leib und Seel kammerdiener, H: Controleur, H: Zetti, der zuckerbacker, 2 herrn köche, Ceccarelli, Brunetti und – meine Wenigkeit – NB: die 2 herrn leibkammerdiener sitzen oben an – Ich habe doch wenigstens die Ehre vor den köchen zu sitzen – Nu – ich denke halt ich bin in Salzburg – bey tische werden einfältige grobe spasse gemacht; mit mir macht keiner spasse, weil ich kein Wort rede, und wenn ich was reden muß, so ist es allzeit mit der grösten seriositet – so wie ich abgespeist habe so gehe ich meines Weegs. – Abends haben wir keine tafel, sondern Jeder bekommt 3 duckaten [ca. 70 Mark] – da kann einer weit springen.« (17. März 1781)

»Ich habe ihnen schon lezthin geschrieben daß mir der erzbischof hier eine grosse hinderniß ist. […] P:S: ich versichere sie, daß hier ein Herrlicher ort ist – und für *mein Metier* der beste ort von der Welt.« (4. April 1781)

Mozart will nicht länger Diener sein und zögert deshalb, die erzbischöfliche Anordnung zu befolgen. Als er absichtlich, ein hochherrschaftliches Paket unterm Arm, die befohlene Postkutsche nach Salzburg versäumt, kommt es zum Eklat.

WANN GEDENKT ER ENDLICH NACH SALZBURG ABZUREISEN UND MEIN PAKET ENDLICH MIT SICH ZU NEHMEN?
DIE POSTKUTSCHE WAR HEUTE LEIDER BESETZT!
DAS IST ZUVIEL!
ER IST WOHL DER LIEDERLICHSTE BURSCH, DEN ICH KENNE!
KEIN MENSCH HAT MICH BISHER SO SCHLECHT BEDIENT WIE ER!!

ER LAUSBUB, LUMP, FEX!
SIND EUER GNADEN NICHT ZUFRIEDEN MIT MIR?
Si 12 86
WILL ER MIR DROHEN?
DORT IST DIE TÜR– ICH WILL NICHTS MEHR MIT IHM ZU TUN HABEN!
UND ICH AUCH NICHTS MEHR MIT IHNEN!
GEH ER!
ES SOLL AUCH SO BLEIBEN–MORGEN WERDEN SIE ES SCHRIFT= LICH BEKOMMEN!

»Ich bin noch ganz voll der Galle! [...] Ich bin nicht mehr so unglücklich in Salzburgerischen diensten zu seyn [...] – ich hasse den Erzbischof bis zur raserey«, schreibt er am 9. Mai 1781 dem Vater aus Wien, wo er von jetzt an bleiben wird. Doch so einfach war das damals nicht mit dem Rausgeschmissenwerden. Mozart hatte beim erzbischöflichen Oberstküchenmeister Graf Arco, der offenbar auch für die musikalischen Genüsse verantwortlich war, drei Entlassungsgesuche eingereicht. Umsonst. »Nun hat es der Herr Graf Arko recht gut gemacht!« berichtet er empört, »– das ist also die Art die leute zu bereden, sie an sich zu ziehen. – daß man aus angebohrner dummheit die Bittschriften nicht annimt, aus manglung des Muths und aus liebe zur fuchsschwänzerey dem Herrn gar kein Wort sagt, Jemand vier

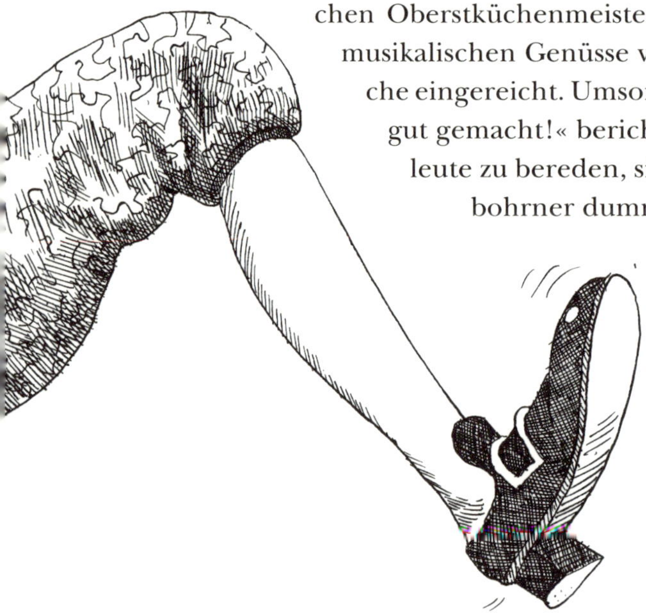

Wochen herum zieht, und endlich da derjenige gezwungen ist die Bittschrift selbst zu überreichen, anstatt ihm wenigstens den zutritt zu verstatten, ihn zur thüre hinaus schmeist, und einen tritt im Hintern giebt. [...] – das ist also der Hof wo ich dienen soll.«

Den Tritt in den Hintern, historisch geworden durch Mozarts Brief vom 9. Juni 1781, nimmt dieser zum Anlaß, sich als gekündigt zu betrachten.* Aus Sicht des Vaters gibt es keinen triftigen Grund dafür, aus Sicht des Sohnes schon: Er will sich endlich aus dem erzbischöflichen Dienstverhältnis befreien und den väterlichen Einfluß schwächen.

* Die juristische Möglichkeit der Kündigung gab es zu Mozarts Zeiten noch nicht; als Johann Sebastian Bach, Fluchtabsichten im Kopf, einst zu lange vom Weimarer Hof fortblieb, nahm man ihn in Beugehaft.

Er will allein in Wien leben, immer spürbarer jener neuen Klasse zugehörig, deren Selbstbewußtsein, unabhängig von der Herkunft, allein auf den Begriffen Menschenwürde und Leistung fußt. »Das Herz adelt den Menschen; und wenn ich schon kein graf bin, so habe ich vielleicht mehr Ehre im leib als mancher graf; und hausknecht oder graf, sobald er mich beschimpft, ist er ein hundsfut.« (20. Juni 1781)
Obwohl sein Vater entschieden dagegen ist und sich erbost über seinen Sohn zeigt, der nur noch das Gegenteil von allem tut, was er, der Vater, für richtig hält, beginnt Mozart sich in Wien einzurichten. »Die alte Mad:^{me} Weber war so gütig«, meldet er schon am 9. Mai 1781 nach Salzburg, »mir ihr haus zu offriren – da habe ich mein hüpsches zimmer.« Er werde bestens klarkommen, erklärt er. Beim Erzbischof habe er lumpige 400 Gulden im Jahr verdient, in Wien werde er problemlos 1.000, wenn nicht 1.200 Gulden »machen«. Zum Beispiel mit Akademien, die 100 Gulden bringen, und wenn der Kaiser dabei sei, sogar 150 Gulden; sechs Akademien im Jahr könne man schaffen, so Mozart, und damit auf 600 Gulden kommen, ohne Kaiser. Dann die »Scholaren«, die Klavierschüler: Zwölf Lektionen seien sechs Dukaten, wobei man vermeiden solle, mehr als drei Schüler zu haben, andernfalls sinke der Preis. Nicht zu vergessen die Druckausgaben seiner Werke. Allein 1781 werden sechs Sonaten erscheinen, verheißt ein lebenstüchtiger Sohn. Und schließlich das Theater: Ein Opernauftrag mindestens sei ihm gewiß. Ergo: 1.000 bis 1.200 Gulden im Jahr sind kein Hirngespinst – jedenfalls nicht, wenn man Wolfgang Amadé Mozart heißt und sich um die Zukunft keine Sorgen macht.

Obgleich stets darum bemüht, sich durch feste Anstellung als Komponist an einem Hof abzusichern, war Mozart nun einer der ersten seiner Zunft, die als »freie« Künstler lebten. Dafür war Wien im ausgehenden 18. Jahrhundert der beste Ort. Kaiser Joseph II., nach dem Tod seiner Mutter Maria Theresia 1780 Alleinregent, versuchte, den immer noch recht mittelalterlichen österreichischen Ständestaat gründlich zu reformieren. Dazu gehörte die bauliche Modernisierung der Hauptstadt mit ihren zur Mozart-Zeit knapp über zweihunderttausend Einwohnern. Im Zuge einer Landreform sorgte der Kaiser für die Steuergleichheit der Stände, er regelte die Abgabepflicht der Bauern neu und verbot Leibeigenschaft und Folter. Er wollte die Kirche staatlich zähmen und löste all jene Klöster auf, die keine gesellschaftlichen Aufgaben wahrnahmen. Er schaffte Adelsprivilegien ab, lockerte die Pressezensur und öffnete ehemals nur Adeligen zugängliche Parks wie den Augarten oder den Prater sämtlichen Bürgern. Er kümmerte sich um alles mögliche, bis hin zum Verbot des Leichenschmauses und des »Wetterläutens« der Kirchen bei Blitzschlag. Da er sich in seinem aufklärerischen Eifer um althergebrachte Bräuche und Gewohnheiten der Bevölkerung nicht scherte, war er bei Intellektuellen und Künstlern beliebter als beim Volk, das freilich eigene Gründe hatte, ihn zu mögen. Immerhin begann er mit dem Aufbau eines Sozial- und Gesundheitssystems und schuf – was sich in der Handlung von Mozarts FIGARO wiederfinden wird – eine Art Gerichtsbarkeit, der auch der Adel unterworfen war. Seine Lebens- und Staatsführung waren beispielhaft sparsam: Er kleidete sich schlicht, ging oft zu Fuß durch die Stadt, und »eine einzige Köchin bereitete ihm für 6 Gulden 40 Kreuzer sein tägliches Mahl; die Hofküche Karls I. hatte jährlich 4.000 Gulden allein für Petersilie verbraucht.«* Das Hofleben beschränkte sich auf das Notwendigste, so daß ein Flügel der Hofburg sogar stillgelegt werden konnte.

* Gunthard Born, Mozarts Musiksprache. Schlüssel zu Leben und Werk, Frankfurt am Main 1987, S. 77.

Die vom Kaiser gegründeten Theater – das Burgtheater nahm 1763 den Spielbetrieb auf, das Prager Nationaltheater 1783 – standen allen Bevölkerungsschichten offen. Dem Durchschnittsbürger nutzte das allerdings wenig, denn in der Oper wurde damals italienisch gesungen und im Theater französisch gesprochen.

Um dem Volk hier entgegenzukommen und um sich von den »gekünstelten Umgangsformen« des Ancien régime zu distanzieren, richtete

Joseph II. eine deutsche Oper ein. »Deutsch wurde die Antithese zu überlebten Gesellschaftsformen«*, und Mozart geriet mit seinem Beitrag zu dieser deutschen Oper mitten in einen politischen Streit. Der Adel, französisch sprechend und auch sonst der deutschen Kultur nicht verpflichtet, sondern in der Oper beispielsweise der italienischen, hintertrieb die Vorbereitungen zu Mozarts »deutschem Singspiel« DIE ENTFÜHRUNG AUS DEM SERAIL K. 384° so nachhaltig, daß die Uraufführung erst ein halbes Jahr später als geplant, am 16. Juli 1782, stattfand – begleitet von erheblichen Störungen. »Könnten sie wohl vermuthen«, schreibt Mozart am 20. Juli 1782 nach der zweiten Vorstellung an seinen Vater, »daß gestern noch eine Stärkere Cabale war als am ersten abend? – der ganze Erste ackt ist verzischet worden.« Der eigentliche Anlaß des Opernauftrags war der Besuch des russischen Großfürsten Paul gewesen, des Sohns Katharinas der Großen, der außenpolitisch das österreichisch-russische Bündnis gegen die Türkei festigen sollte. Das Textbuch schrieb ein Schauspieler namens Gottlieb Stephanie (1741–1800), der die Bearbeitung der Bearbeitung einer englischen Vorlage bearbeitet hatte. »Ein gewisser Mensch namens Mozart in Wien«, meldete sich daraufhin jemand in der ›Leipziger Zeitung‹ zu Wort, »hat sich erdreistet, mein Drama ›Belmont und Constanze‹ zu einem Operntexte zu mißbrauchen. Ich protestiere hiermit feierlichst. Gez. Christoph Friedrich Bretzner, Verfasser des Räuschchens.«** Der kaiserliche Auftraggeber, wie alle Habsburger ein ausgesprochener Musikkenner, hatte indes andere Bedenken.

Die Handlung wirkt, als habe Mozart bewußt politisch provozieren wollen. Denn in dem Spiel um die von den Autoren vielleicht nicht von ungefähr »Entführung«*** genannte versuchte Entwendung zweier Mitteleuropäerinnen aus dem Harem eines türkischen Herrschers durch zwei Landsmänner der Damen erweisen sich die Mitteleuropäer als tückisch und amoralisch, der türkische »Despot« Bassa Selim dagegen erscheint human und weise. Die hehren Worte, die dieser in seiner Sprechrolle von sich zu geben hat, passen für Mozart hier noch nicht in die Musik eines scheinbar komödienhaften Singspiels; solch prekäre Mischung wagt er erst in der ZAUBERFLÖTE. In der Figur des schwarzen Haremswächters Osmin hebt er allerdings die alte Singspieldramaturgie aus den Angeln. Zwar ist auch Osmin als witzig gemeintes Komplement zum erhabenen Bassa vom Typ her noch vor-

* Born, Mozarts Musiksprache, S. 88.

** Zit. nach Abert, Mozart, Bd. 1, S. 776.

*** In seinem Brief vom 1. August 1781 stellt Mozart dem Vater die Oper sogar zunächst als »die verführung aus dem Serail« vor.

schriftsmäßiger »Buffo«. Aber das Böse an ihm erscheint in Mozarts Musik nicht mehr als hanswurstige Karikatur eines täppischen Gewaltmenschen, sondern als shakespearisch doppelter Charakter aus einsamem Kind und aggressivem Außenseiter.
Es ist, als habe Mozart seinen Vater und dessen im Lebensalltag rundum auf Anpassung zielende Vorstellungen nun auch auf der Opernbühne mit einem trotzigen Gegenentwurf konfrontieren wollen. Denn Osmin tut hilflos und radikal alles, was sogenannte brave Kinder nicht tun dürfen: Er ist grausam und barsch, undiszipliniert und ungeduldig – und das mit gleichsam naiver Geradlinigkeit, weshalb ihn niemand als wirklich böse empfindet, eher als sympathisch und am Ende eigentlich sogar bemitleidenswert.* Sein Motiv ist die Sehnsucht nach Wärme und Liebe, und da kennt Mozart sich aus. Erstmals tauchen hier Mozarts Absicht und Fähigkeit auf, gut und böse, gescheit und dumm, ernst und komisch etc. gleichberechtigt darzustellen. Er moralisiert nicht, er ist um Wahrheit bemüht.
In der Zauberflöte mit ihrer so konfus wirkenden Handlung wird er die Fähigkeit, das Widrige zusammenzugießen, perfektionieren; in der Entführung spielt er sie zum ersten Mal aus wie später noch oft – mit einem Komödienstoff voller aktueller Bezüge.
»Die oper hatte mit einem Monologue angefangen«, berichtete Mozart dem Vater während der Arbeit an der Partitur am 26. September 1781 und gestattete ihm in den Briefen zur Entführung noch einmal einen tiefen Blick in die Werkstatt seiner Phantasie, ins kühle Kalkül seines Komponierens** – bei der nächsten Oper wird der Adressat tot sein, wird es solche Briefe nicht mehr geben. »und da bat ich H: Stephani eine kleine ariette [Nr. 1, »Hier soll ich dich sehen«] daraus zu machen – und daß anstatt nach dem liedchen des osmin die zwey zusammen schwätzen, ein Duo daraus würde [Nr. 2, »Verwünscht seist

* So hat ihn Johannes Schaaf in seiner Salzburger Inszenierung interpretiert; Osmin als einen dramaturgischen Bruder der antiautoritären Helden und Heldinnen Astrid Lindgrens zu sehen, ist ebenso plausibel.

** Siehe dazu Eckhard Henscheid, Ein kalter, erbarmungsloser Komponist – Mozart und Così fan tutte, in: Attila Csampai/Dietmar Holland, Così fan tutte, Reinbek 1984, S. 288 f.

du samt deinem Liede!«]. […] – dieser osmin hat aber im original büchel das einzige liedchen zum singen, und sonst nichts, außer dem Terzett und final. dieser hat also im Ersten Ackt eine aria [Nr. 3, »Solche hergelaufne Laffen«] bekommen, und wird auch im 2:ten noch eine [im dritten Akt, Nr. 19, »O, wie will ich triumphieren«] haben. […] – und die hauptsache der Musick davon war schon fertig, ehe Stephani ein Wort davon wuste. – sie haben nur den Anfang davon, und das Ende [Mozart schickte dem Vater Proben der Komposition nach Salzburg], welches von guter Wirkung seyn muß – der zorn des osmin wird dadurch in das komische gebracht, weil die türkische Musick dabey angebracht ist. […] – das, drum beym Barte des Propheten etc: ist zwar im nemlichen tempo, aber mit geschwinden Noten – und da sein zorn immer wächst, so muß – da man glaubt die aria seye schon zu Ende – das allegro aßai – ganz in einem andern zeitmaas, und in einem andern Ton – eben den besten Effect machen; denn, ein Mensch der sich in einem so heftigen zorn befindet, überschreitet alle ordnung, Maas und Ziel, er kennt sich nicht – so muß sich auch die Musick nicht mehr kennen – weil aber die leidenschaften, heftig oder nicht, niemal bis zum Eckel ausgedrückt seyn müssen, und die Musick, auch in der schaudervollsten lage, das Ohr niemalen beleidigen, sondern doch

dabey vergnügen muß, folglich allzeit Musick bleiben Muß, so habe ich keinen fremden ton zum f |: zum ton der aria :| sondern einen befreundten dazu, aber nicht den Nächsten, D minor, sondern den weitern, A minor, gewählt.« (26. September 1781)

Die ENTFÜHRUNG wurde »der nachhaltigste Theatererfolg, der Mozart zu Lebzeiten beschieden war«*, mit ihr hatte er sein Geschick nun auch musikalisch in die eigenen Hände genommen. Innerhalb kurzer Zeit wurde sie bis hinauf nach Rostock nachgespielt, was ihrem Komponisten, über das freilich nicht kleinliche Honorar von 426 Gulden hinaus, allerdings keinen Kreuzer mehr einbrachte. Immerhin wurde er mit der ENTFÜHRUNG bekannt. Geistesgrößen wie Klopstock, Lessing, der im Bassa Züge des Sultan Saladin aus seinem kurze Zeit vorher entstandenen ›Nathan‹ erkannt haben mag, und Schiller waren begeistert; Goethe, der die ENTFÜHRUNG 1785 in Weimar herausbrachte, befand, daß Mozarts Oper »alles niederschlug«, was er selbst in der Angelegenheit Singspiel unternommen hatte. »Nach Opern wie FIGARO und DON JUAN«, schwärmte Carl Maria von Weber noch 1816, »war die Welt berechtigt, mehrere von ihm zu erwarten. Eine ENTFÜHRUNG konnte er mit dem besten Willen nicht wieder schreiben«** – denn unwiederholbar sind der Jünglingsjahre zart wilde Blüten. Mit diesem Werk hatte das deutsche Singspiel, wie sich bald zeigen sollte, seinen Gipfelpunkt jedoch bereits erreicht – und überschritten.

* Kunze, Mozarts Opern, S. 175.

** Zit. nach Abert, Mozart, Bd. 1, S. 798.

Am 4. März 1782 muß der Kaiser die deutsche Oper schließen, was den Beginn des Scheiterns seiner von oben diktierten Reformpolitik symbolisiert. Der aufgeklärte Despot, der über keine hinreichende gesellschaftliche Basis verfügte, hatte sich zu viele Gegner gemacht. Uns Nachgeborenen ist damit zumindest ein unschätzbares Werk entgangen: »Ich schreibe izt eine teutsche opera *für mich*«, berichtet Mozart am 5. Februar 1783 nach Salzburg, »ich habe die Comœdie vom goldoni – Il servitore di Due Padroni – dazu gewählt – und der Erste Ackt ist schon ganz übersezt.« Statt sich mit einem Diener zweier Herren zu beschäftigen, wird Mozart allerdings nun der Diener einer einzigen jungen Dame. Ihr Familienname überrascht niemanden.

»Wie angelt man seiner Tochter einen Compositeur?« mag sich die nunmehrige Witwe Cäcilia Weber – Ende 1779 war Fridolin Weber einem Schlaganfall erlegen – auch in Wien gefragt haben, nachdem erst eine ihrer vier Eheaspirantinnen unter der Haube war, der junge Mozart aber erneut in ihrem Haus. Sie genoß nicht den besten Ruf. Mozart schreibt am 10. April 1782 auf eine diesbezügliche Bemerkung seines Vaters, »daß sie gerne trinkt, und zwar mehr – als eine frau trinken sollte. doch – besoffen habe ich sie noch nicht gesehen, das müste ich lügen.« Am 15. Dezember 1781 heißt es: »Nun aber wer ist der Gegenstand meiner liebe? – erschröcken sie auch da nicht, ich bitte sie; – doch nicht eine Weberische? – Ja eine Weberische – aber nicht Josepha – nicht Sophie – sondern Constanza; die Mittelste.« Der Untermieter erfuhr offenbar viele Annehmlichkeiten durch sie, ihm wurde nicht nur Wäsche gewaschen und Essen gekocht. Außer manchem Knopf, den Konstanzes flinke Hände annähten, werden sie auch den einen oder anderen geöffnet haben. »Ihre ganze schönheit«, schreibt er, »besteht, in zwey kleinen schwarzen augen, und in einen schönen Wachsthum.« (15. Dezember 1781) Die Leute beginnen über sie und Mozart zu reden; er zieht anstandshalber um und wohnt nun – herzlich unbekümmert ums Gerede – bei den Arnsteins, einer jüdischen Familie, die, obwohl Wien, wie alle Städte Europas, judenfeindlich war, das Privileg genoß, ein eigenes Haus zu besitzen. (Mozart hat sich wegen seiner Opernfiguren Osmin und Monostatos den Vorwurf des Rassismus eingehandelt. Ganz so einfach war es offenbar nicht.)

Madame Weber versucht sich mit einem »Ehecontrakt« für ihre Tochter dagegen abzusichern, »daß ich sie vieleicht sitzen lassen würde«. (22. Dezember 1781) Mozart verpflichtet sich, Konstanze, sollte er sie nicht binnen drei Jahren heiraten, monatlich 300 Gulden zu zahlen. Konstanze – vielleicht einem gerissenen Plan ihrer Mutter folgend, vielleicht ehrlichen Herzens – zerreißt das Papier. Mozart ist begeistert. Einmal mehr handelt er gegen den erklärten Willen des Vaters und entschließt sich, eine feste Bindung einzugehen. Leopold Mozart resigniert endgültig, was seinen Einfluß auf den Sohn angeht. Seinen Heiratssegen gibt er erst nach langem Zögern, und der Hochzeit bleibt er fern. Der Sohn indes nennt triftige Gründe für das Ehebündnis:

»Die Natur spricht in mir so laut, wie in Jedem andern, und vieleicht läuter als in Manchem grossen, starken limmel. Ich kann ohnmöglich so leben wie die Meisten dermaligen Jungen leute. – Erstens habe ich zu viel Religion, zweytens zu viel liebe des Nächstens und zu Ehrliche gesinnungen als daß ich ein unschuldiges Mädchen anführen könnte, und drittens zu viel Grauen und Eckel, scheu und forcht vor die krankheiten, und zu viel liebe zu meiner gesundheit als daß ich mich mit hurren herum balgen könnte; [...] Mein Temperament aber, welches mehr zum ruhigen und häuslichen leben als zum lärmen geneigt ist – ich der von Jugend auf niemalen gewohnt war auf meine sachen, was Wäsche, kleidung und etc: anbelangt, acht zu haben – kann mir nichts nöthigers denken als eine frau. [...] – ich bin ganz überzeugt, daß ich mit einer frau |: mit dem nämlichen einkommen, daß ich allein habe :| besser auskommen werde, als so. – und wie viele unütze ausgaben fallen nicht weg?« (15. Dezember 1781)

»Bey der Copulation«, so berichtet der Bräutigam am 7. August 1782 nach Salzburg, »war kein Mensch als die Mutter (3) und die Jüngste schwester. – H: v: thorwart als vormund (4) und beystand von beyden;

– H: v: Zetto (5) |: Landrath :| beystand der Braut (2); und der gilowsky (6) als mein (1) beystand. […] unser ganzes Hochzeits festin bestund aus einen soupée welches uns die frau Baronin v: Waldstädten (7) gab – welches in der that mehr fürstlich als Baronisch war.«

»Wir sind auch schon geraume Zeit lediger allzeit mitsammen so wohl in die hl: Messe als zum Beichten und Communiciren gegangen – und Ich habe gefunden daß ich niemalen so kräftig gebetet, so andächtig gebeichtet und Communicirt hätte als an ihrer Seite.« (17. August 1782)

Alles ist gut. Fast alles. Denn daß der Kaiser ihn trotz seines Opernerfolgs nicht fest anstellen will, wurmt Mozart immer wieder: »die H:

Wienner |: worunter aber haubtsächlich der kayser verstanden ist :| sollen nur nicht glauben daß ich wegen Wienn allein auf der Welt seye. – keinen Monarchen in der Welt diene ich lieber als dem kayser – aber erbetteln will ich keinen dienst. [...] ich habe mich die zeither täglich in der französischen sprache geübt – und nun schon 3 lectionen im Englischen genommen.« (17. August 1782) Tatsächlich fragt Mozart Mitte August bei Le Gros an, ob er im Frühjahr 1783 in Paris konzertieren und Werke aufführen könne. Obwohl er in Wien durchaus zu tun hat: Er komponiert einige, teils jenseits der Konvention liegende SERENADEN FÜR BLÄSER K. 361°, 375°, 388°, die sogenannte HAFFNER-SINFONIE K. 385° und vergißt auch die Soloklavierkomposition nicht, nachzuhören in der tiefsinnigen, in völlig überflüssiger Zuordnungswut oft als »schon beethovennah« bezeichneten PHANTASIE d-moll K. 397°. Mit K. 377 und 379, den Violinsonaten der ersten Wiener Jahre, nimmt er eine Gattung wieder auf, in der ihm schon in Mannheim und Paris Wegweisendes gelungen war. Er führt sie erneut auf eine Höhe, auf der sie zuletzt sechzig Jahre zuvor mit Sebastian Bach gewesen war.

Mozart arbeitet ununterbrochen: »Ich muß in gröster Eyle schreiben, weil es schon halb 6 uhr ist, und ich mir um 6 uhr leute herbestellt habe um eine kleine Musique zu machen; – überhaupt habe ich so viel zu thun, daß ich oft nicht weis wo mir der kopf steht; – der ganze vormittag bis 2 uhr geht mit lectionen herum; – dann Essen wir; [...] dann – ist der einzige abend, wo ich etwas schreiben kann – und der ist nicht sicher, weil ich öfters zu accademien gebeten werde; – nun fehlen noch 2 Concerten zu den Subscribtions Concerten.« (28. Dezember 1782) Das waren Veranstaltungen, für die das Publikum, damit sie zustande kamen, Subskriptionslisten ausfüllen mußte. Mozart begann jetzt, in einer Art Neubegründung der Gattung,* seine großen Klavierkonzerte zu schreiben. Wieder wußte er sehr genau, was er da tat – und vor allem auch, wie: »Die Concerten sind eben das Mittelding zwischen zu schwer, und zu leicht – sind sehr Brillant – angenehm in die ohren – Natürlich, ohne in das leere zu fallen – hie und da – können auch kenner allein satisfaction erhalten – doch so – daß die nichtkenner damit zufrieden seyn müssen, ohne zu wissen warum. [...] um beyfall zu erhalten muß man sachen schreiben die so verständlich sind, daß es ein fiacre nachsingen könnte, oder so unverständlich – daß es ihnen,

* Siehe Anhang.

eben weil es kein vernünftiger Mensch verstehen kann, gerade eben deswegen gefällt.« (28. Dezember 1782)

Den Wiener Zeitgenossen mag dieser ewig witzelnde und ganz der Musik verschriebene Mozart als ein genialer, ziemlich rätselhafter Luftikus erschienen sein. Joseph Lange, Ehemann der immer noch angebeteten Aloysia, kannte ihn besser: »Nie war Mozart weniger in seinen Gesprächen und Handlungen als ein großer Mann zu erkennen, als wenn er gerade mit einem wichtigen Werke beschäftigt war. Dann sprach er nicht nur verwirrt durcheinander, sondern machte mitunter Späße einer Art, die man an ihm nicht gewohnt war, ja, er vernachlässigte sich sogar absichtlich in seinem Betragen. Dabei schien er doch über nichts zu brüten und zu denken. Entweder verbarg er vorsätzlich aus nicht zu enthüllenden Ursachen seine innere Anstrengung unter äußerer Frivolität, oder er gefiel sich darin, die göttlichen Ideen seiner Musik mit den Einfällen platter Alltäglichkeit in scharfen Kontrast zu bringen und durch eine Art von Selbstironie sich zu ergötzen.«*

* Zit. nach Albert Leitzmann, Wolfgang Amadeus Mozart. Berichte der Zeitgenossen und Briefe, Leipzig 1926, S. 118.

»Wir haben am fasching Monntag unsere Compagnie Masquerade auf der Redoute ausgeführt. – sie bestund in einer Pantomime. – Meine schwägerin [Aloysia] war die Colombine, ich der Harlequin, Mein schwager der Piero.« (12. März 1783)

K.450
5.87

Über Mozarts Tagesablauf sind wir recht genau informiert, denn er hat Vater und Schwester brieflich wiederholt davon erzählt, nicht aus Pedanterie, sondern weil er dem väterlichen Verdacht vorbeugen wollte, er führe ein Lotterleben. Natürlich waren solche Befürchtungen nicht ganz unbegründet; Mozart liebte das angenehme Leben. Aber 626 Werke – die verschollenen nicht mitgezählt – schreibt man nicht, wenn man sein Leben überwiegend Wein, Weib und Gesang widmet. Mozart verfügte über die Fähigkeit, sich Kompositionen einzuprägen und sie erst später – bei Bedarf – zu Papier zu bringen. Das klingt spielerisch, aber dennoch: Wollte er den Springbrunnen seiner musikalischen Phantasie in Bahnen lenken, aus denen Werke entstehen konnten, so mußte er das mit großer Disziplin organisieren. Wenn Mozart Frühkonzerte im Augarten oder Matineen gab, begann sein Tag morgens um halb sechs. An Tagen, an denen keine Konzerte stattfanden, ließ er es etwas ruhiger angehen: »um 6 uhr früh bin ich schon allzeit frisirt. – um 7 uhr ganz angekleidet, – dann schreib ich bis 9 uhr. von 9 uhr bis 1 uhr habe ich meine lectionen. – dann Esse ich, wenn ich nicht zu gaste bin, wo man dann um 2 uhr und auch 3 uhr speist, wie heute und Morgen bey der gräfin Zizi und gräfin Thun.« (13. Februar 1782) Mozart aß gern und erkennbar zuviel. Auf den vorhandenen Bildern sieht man jedenfalls einen zunehmend molligen Menschen. Nach dem Essen wird geruht, »denn dann – nach tisch muß ich doch eine kleine Stunde meinem armen Magen zur digestion vergönnen«. (28. Dezember 1782) Nachmittags um fünf beginnt er wieder mit der Arbeit. Mozart tritt als Virtuose in »Academien«

auf, und oft geht der eben noch Gefeierte rasch nach Haus und »schreibt« sich dort bis ungefähr ein Uhr nachts »fest«. Steht kein Auftritt im Kalender, »componirt« er sich hungrig, was gegen 22 Uhr einzutreten pflegt.

Aber natürlich kann der Mensch nicht alle Abende arbeiten. »Sie wissen ohne zweifel«, schreibt er an seinen Vater, »das izt fasching ist, und daß hier so gut wie in Salzburg und München getanzt wird; – und da möchte ich gerne (aber daß es kein Mensch weis) als Harlequin gehen – weil hier so vielle – aber lauter Eseln auf der Redoute sind; – folglich möchte ich Sie bitten mir Ihr Harlequinkleid zukommen zu lassen. – aber es müste halt recht bald seyn – wir gehen eher nicht auf die Redoute, obwohl sie schon in grösten schwunge ist. – uns sind die Hausbälle lieber. – vergangene Woche habe ich in meiner Wohnung einen Ball gegeben. […] – wir haben abends um 6 uhr angefangen und um 7 uhr aufgehört; – was nur eine Stunde? – Nein nein – Morgens um 7 uhr.«

(22. Januar 1783)

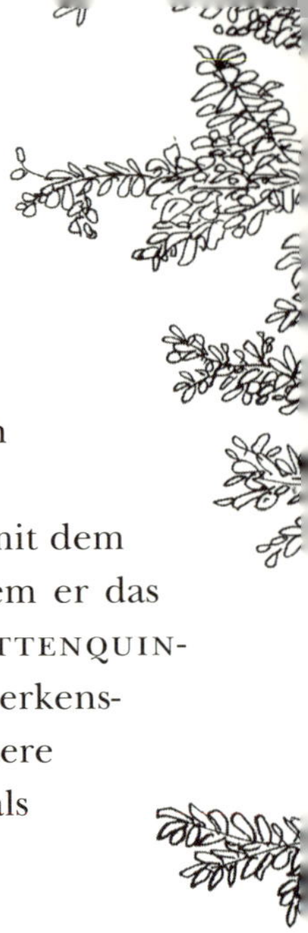

Der Wiener Freundeskreis bestand aus Berufskollegen und Theaterleuten wie der Primadonna Aloysia Weber und ihrem Gatten. Die »Langin«, gestand er dem Vater, bedeutete ihm immer noch mehr, als ihm bisweilen guttat. Befreundet war er auch mit dem Ehepaar Josepha und František Dušek (1753–1824; 1731–1799), Musikern aus Prag, und mit dem Klarinettisten Franz Anton Stadler (1753–1812), dem er das KLARINETTENKONZERT K. 622° und das KLARINETTENQUINTETT K. 581° ins Instrument komponierte.* Ein bemerkenswerter Bekannter war der Schüler, Assistent und spätere Hausfreund Franz Xaver Süßmayr (1766–1803), der als Vollender eines berühmten Mozart-Fragments von sich reden machen wird. Mit Gottfried von Jacquin (1767–1792), Naturwissenschaftler und Musikkenner, musizierte Mozart und pflegte regen geistigen Austausch. Einen lieben Freund verlor er in dem 1787 früh verstorbenen Arzt Sigmund Barisani (1758–1787), der ihm auch ärztlichen Rat gegeben und Ausgleichssport empfohlen hatte. Mozart, so Barisani, solle im Stehen komponieren, Billard spielen, kegeln und womöglich reiten. Für letzteres war der Musiker, nach anfänglichen Versuchen, allerdings zu ängstlich. Doch dem Billard, Kegeln und Tanzen frönte er ausgiebig. Ein väterlicher Freund von Jugend an war der Arzt Franz Anton Mesmer (1734–1815), eine Art Heilpraktiker und Modedoktor, der die Kranken unter anderem mit Magneten zu behandeln suchte, was Mozart später spaßig in seine Oper COSÌ FAN TUTTE einbaute. Die meiste Zeit, die Mozart nicht arbeitete, verbrachte er allerdings nicht im Freundeskreis, sondern machte es sich mit Konstanze bequem.

* Das KLARINETTENQUINTETT wurde im Winter 1789 vom Hofkapellmeister Antonio Salieri (1750–1825) uraufgeführt, dem man später eine Feindschaft gegen Mozart andichtete – die Spekulationen reichten bis zum Giftmordverdacht. Grundlos. Zwar gab es die üblichen Hakeleien zweier Konkurrenten auf dem Musikmarkt Wien, auf dem Salieri als Hofoperndirektor immerhin eine Art Platzhirsch war, aber die beiden verstanden sich sonst recht gut.

19.5
87
SIEGERT

Für eine Weile galt Mozart als der beste Pianist Wiens. Die Damen der Gesellschaft rissen sich darum, von ihm im Klavierspiel unterrichtet zu werden. Dazu gehörten so aufregende Namen wie Therese von Trattner, Gräfin Thiennes von Rumbeke (geb. Gräfin von Cobenzl), Gräfin Zichy, Babette von Ployer, Gräfin Palffy, Wilhelmine Gräfin von Thun (geb. Komtesse von Uhlfeld) und schließlich auch Josepha (»Gustl«) Auernhammer, für die er, obwohl sie »bei den cantabile stellen alles verzupfe«, gleich mehrere seiner Werke für zwei Klaviere komponierte (K. 365, 448).

Mittelpunkt der Mozartschen Damenwelt – zumindest zu Beginn der Wiener Zeit – war die Baronin Martha Elisabeth von Waldstätten (1744–1811). Mutig und vermögend genug, ihr Leben nach dem Tod ihres Gatten hemmungslos zu genießen, spielte sie die Rolle der lustigen Witwe. Mozart, ganz Theatermensch, spielte mit und schrieb ihr Briefe wie zu Bäsles Zeiten:

»Allerliebste, Allerbeste, Allerschönste
Vergoldete, Versilberte und Verzuckerte
Wertheste und schätzbarste
Gnädige Frau
Baronin!

Ich kann wohl sagen, daß ich ein recht glücklicher und unglücklicher Mensch bin! – unglücklich seit der Zeit da ich Euer Gnaden so schön frisirt auf dem Ball sah! – denn meine ganze Ruhe ist nun verloren! – nichts als Seufzen und Aechzen! – die übrige Zeit, die ich noch auf dem Ball zubrachte, konnte ich nichts mehr tanzen – sondern sprang – daß soupee war schon bestellt – ich aß nicht – sondern ich fraß – die Nacht durch anstatt ruhig und sanft zu schlummern – schlief ich wie ein Ratz, und schnarchte wie ein Bär! – und |: ohne mir viel darauf einzubilden :| wollte ich Fast darauf wetten daß es Euer Gnaden à proportion eben auch so gieng!

– Sie lächeln? – werden roth? – o ja – ich bin glücklich! – Mein Glück ist gemacht! – Doch ach! wer schlägt mich auf die Achseln? – Wer guckt in mein Schreiben? – auweh, auweh, auweh! – mein Weib!« (2. Oktober 1782)

Oder: »Wegen dem schönen rothen frok [Kapellmeisterfrack] welcher mich ganz grausam im herzen kitzelt, bitte ich halt recht sehr mir recht sagen zu lassen wo man ihn bekommt, und wie theuer, denn daß

hab ich ganz vergessen, weil ich nur die schönheit davon in betrachtung gezogen, und nicht den Preis. – denn so einen frok muß ich haben, damit es der Mühe werthe ist die knöpfe darauf zu setzen, mit welchen ich schon lange in meinen gedanken schwanger gehe; – ich habe sie einmal, als ich mir zu einem kleide knöpfe ausnahm, auf dem kohlmarkt in der Brandauischen knöpffabrique vis a vis dem Milano gesehen. – diese sind Perlmutter, auf der Seite etwelche weisse Steine herum, und in der Mitte ein schöner gelber Stein. – Ich möchte alles haben was gut, ächt und schön ist!« (28. September 1782)
Mozart bekam vieles. Zumal den Frack von der Frau Baronin, auf den er sich vermutlich akkurat die beschriebenen Knöpfe nähen ließ. Und auch sonst gab ihm der große Wiener Bekanntenkreis alles, was er als Ausgleich für die Einsamkeit seines Wesens und Arbeitens brauchte. Dabei scheint es überwiegend die fröhlich-oberflächliche Beziehung gewesen zu sein, die er suchte. Enge Freundschaften pflegte er nur wenige, sie ergaben sich – wie beispielsweise mit Stadler oder Schikaneder – über die gemeinsame Arbeit.

Einer, der ihm nahekam und der ihn zudem – als einziger zeitgenössischer Musikprominenter – in seiner vollen historischen Größe erkannte und neidlos anerkannte, war Joseph Haydn. »Ich sage ihnen vor gott, als ein ehrlicher Mann, ihr Sohn ist der größte Componist, den ich von Person und Namen kenne«, gestand er Leopold Mozart im Februar 1785. Und 1791 schrieb er an Marianne von Genzinger. »Er ist das größte musikalische Genie, das je gelebt hat. Wäre er vor mir in London gewesen, hätte es mir nichts mehr gebracht, dorthin zu gehen, denn nichts kann gegen Mozarts Komposition bestehen.«

Ende Dezember 1782 vollendet Wolfgang Amadé Mozart das erste jener sechs STREICHQUARTETTE° K. 387, 421, 428, 458, 464, 465, die er nach vollbrachter Arbeit drei Jahre darauf – für keine andere seiner Kompositionen hat er sich so viel Zeit genommen – Joseph Haydn mit den aufrichtig gemeinten Worten »per mio caro amico« widmen wird.*

* Siehe Anhang.

Ebenfalls 1782 verschaffte ihm der Hofarchivar Baron Gottfried van Swieten (1730–1803) Einblick in Bachs und Händels Partituren. Mozart besaß damit alle Voraussetzungen für die Meisterschaft der Werke, die nach der ENTFÜHRUNG entstanden. Ein kleiner Bewunderer aus Bonn, der von solcher Meisterschaft in den 1780er Jahren noch weit entfernt war, soll ihn deshalb in Wien aufgesucht haben.

Durch ausgiebige Zeitungslektüre unterrichtete sich Mozart auch über den Lauf der außermusikalischen Dinge. Von Klatsch bis Krieg hat ihn dabei offenbar alles interessiert. »Sie werden schon wissen«, schrieb er an seinen Vater, »daß der gute Castrat *Marchesi – marquesius di Milano* in Neapel ist vergiftet worden – aber wie! – er war in eine Herzogin verliebt – und ihr rechter amant war darüber Jaloux und schickte 3 oder 4 kerle zu ihm, und die liessen ihm die Wahl – ob er aus diesem geschier trinken wolle, oder lieber Massakrirt seyn wolle – er wählte das erstere – weil er aber«,

HERR MOZART, DA IST EIN WUNDER= KIND FÜR SIE!
ICH HASSE WUNDER= KINDER!

so fährt der gut 160 Zentimeter große, immer rundlicher werdende Mozart fort, »ein Welscher hasenfuß war, so starb er allein – und liess seine herrn Mörder in Ruhe und frieden leben – ich hätte wenigstens |: in meinem Zimmer! :| ein paar mit mir in die andere welt genommen, wenn es schon gestorben hätte seyn müssen – schäde für einen so vortreflichen sänger.« (30. Dezember 1780)

Über die größeren Kämpfe der Männer findet er auch einiges: »In zeitungen habe ich gelesen, daß die Preußen ein kaiserliches detachement überfallen haben, aber die kroaten und 2 regimenter kürassiere, die in der nähe waren und den Lärrm gehört haben, kamen den augenblik zu hilfe, attackierten den Preüssen, brachten ihn zwischen zwei Feuer und nahmen ihm 5 kanonen.« Und weiter heißt es: »Die Franzosen haben die Engländer zum weichen gebracht; es ist aber nicht gar zu hitzig zugegangen. Das merkwürdigste ist daß in allem, freünd und feind, 100 mann gebliben sind. Ohnegeachtet dessen ist doch ein entsetzlicher jubel hier. Man sagt jetzt auch daß wir hier bald frieden haben werden, mir ist es einerley was das hiesige betrifft; in Deutschland ist es mir aber sehr lieb, wenn bald frieden wird aus vielen ursachen.« (20. Juli 1778)

Wie vieles andere, was eine sich nun endlich auch der Frage »Was geschah, während Mozart seinen FIGARO komponierte, auf der Straße unter seinem Fenster?«* zuwendende Forschung zutage förderte, paßt der Zeitungsleser Mozart nicht in das spießbürgerliche Bild vom außermusikalischen Analphabeten.

Doch nicht nur den Zeitungsleser hat die Wissenschaft ignoriert, sondern den lesenden Mozart überhaupt, und mit ihm alles, was nicht in die zweihundertjährige Tradition des Mozart-Schnickschnacks passen wollte.** Selbst ein in Sachen Entrümpelung so verdienstvoller Mozart-Freund wie Wolfgang Hildesheimer bedient die festgefahrene Vorstellung, Mozart habe sich für politische und soziale Fragen nicht interessiert: »Das Zeitgeschehen hat, soweit wir feststellen können, die Ebene seines Bewußtseins niemals erreicht.«*** Daß Mozart durchaus Sinn fürs Zeitgeschehen hatte, ist mittlerweile nicht mehr zu übersehen, sowenig wie seine Begeisterung für die Freimaurerei. Nach damaligem Verständnis gab es allerdings weder »Politik« noch »Parteien«; die soziale Revolution war eben erst auf den Begriff gebracht, die moderne bürgerliche Gesellschaft und ihre Sprache erst im Entstehen

* Dies nebst vielen fruchtbaren Antworten formuliert Braunbehrens, Mozart in Wien, S. 50ff..

** Dazu und zu Mozarts beachtlicher Bibliothek siehe Anhang.

*** Hildesheimer, Mozart, S. 23.

begriffen. Einer von deren Geburtshelfern und Institutionen war die Freimaurerei, der freilich schon früh die politikspezifische Dialetik von hochfliegendem Idealismus und tiefsumpfiger Verstrikkung anhaftete. Die neue Bewegung und ihre freigeistigen Ideen waren der katholischen Kirche als ideologischer Platzhalterin so suspekt, daß die Päpste Klemens XII. und Benedikt XIV. deren Anhänger seit 1738 mit Exkommunikation bedrohten. Zwar wurde das entsprechende Dekret in Österreich nie veröffentlicht. Es dürfte dort dennoch bekannt gewesen sein und den k.u.k. Untertanen klargemacht haben, daß es nicht ganz ungefährlich war, auf die neue Art zu denken. Die regte Mozart indes nicht nur zu gesellschaftskritischen Positionen an – sie legte ihm auch ein neues Verhältnis zum Tode nahe. Der berühmte Brief an den Vater vom 4. April 1787 bezieht sich darauf. Über den Gott, von dem da die Rede ist, wurde viel spekuliert. Vielleicht war es der Gott der Redensarten, vielleicht ein Gott, wie ihn sich wenig später der Kantianer Beethoven schuf. Der Gott der Katholiken, soviel ist klar, war es nicht: »Da der Tod der wahre Endzweck unseres Lebens ist, so habe ich mich seit ein paar Jahren

mit diesem wahren, besten freunde des Menschen so bekannt gemacht, daß sein Bild nicht allein nichts schreckendes mehr für mich hat, sondern recht viel beruhigendes und tröstendes! Und ich danke meinem gott, daß er mir das glück gegönnt hat mir diese gelegenheit (sie verstehen mich) zu verschaffen, ihn als den schlüssel zu unserer wahren Glückseeligkeit kennen zu lernen.«

Als Mozart am 14. Dezember 1784 in die Loge »Zur Wohltätigkeit« eintrat, gab es bereits sechshundert bis achthundert Freimaurer in Wien,* überwiegend bürgerliche Geistesmenschen ausschließlich männlichen Geschlechts, unter ihnen Haydn, Stadler, Schikaneder, Mozarts spä-

* Siehe Braunbehrens, Mozart in Wien, S. 257 ff., und H. C. Robbins Landon, 1791. Mozarts letztes Jahr, Düsseldorf 1991, S. 77 ff.

terer Lieblingsgläubiger Puchberg und Leopold Mozart, der während seines Wienbesuchs im Schnellverfahren aufgenommen wurde. Aber man fand auch Adelige wie van Swieten oder den Vater von Joseph II., Franz von Lothringen – in der Glanzzeit der Logen sogar katholische Geistliche bis hinauf in den Bischofsrang. Allen gemeinsam war das Bedürfnis nach einer – neben den gleichzeitig aufkommenden Salons – besonderen Form von Öffentlichkeit, in der sich das entstehende Bürgertum über seine politische, ökonomische und kulturelle Situation verständigen konnte. Auch wurden besondere Ereignisse gefeiert, wie beispielsweise bei der Uraufführung von Mozarts KANTATE K. 471°: Ignaz von Born (1742–1791), über viele Jahre Freimaurer-Leitfigur in Wien, hatte eine neue, die Kosten im Hüttenwesen drastisch senkende »Amalgamationsmethode zur Scheidung der Metalle« entwickelt, eine Erfindung, die offenbar wichtig genug war, um sie zum Anlaß einer Logenfeier mit vierundachtzig geladenen Gästen zu nehmen.
Als das Freimaurertum den k.u.k. Staatsapparat allzu gezielt zu durchsetzen begann, zog Kaiser Joseph II. – den durchweg josephinischen »Maurern« ansonsten gewogen – 1785 die Notbremse: Die Logen unterlagen fortan der Meldepflicht, ihre Mitgliederzahl wurde begrenzt, Gruppierungen mit unklarer Zielsetzung wurden verboten. Viele Freimaurer verließen daraufhin die in Ungnade gefallenen Geheimgesellschaften, nicht wenige Logen gaben dem Kaiser offiziell ihre Selbstauflösung bekannt. Es spricht für den Ernst und die Tiefe von Mozarts Engagement, daß er seiner Loge, die sich nach 1785 unter anderem Namen neu gründete, bis ans Lebensende die Treue hielt. Er hat mit der MAURERISCHEN TRAUERMUSIK K. 477° musikalisch gezeigt, daß Weltanschauung viel mit dem Herzen zu tun haben kann; mit der ZAUBERFLÖTE versuchte er sogar, die moralische Erneuerung der Logen ästhetisch zu untermauern. Das war mutig und standhaft, denn niemand wußte 1791, wie sich der frischgekrönte Leopold II. den Logen gegenüber verhalten würde.

Selbst in rein musikalischen Dingen hat man Mozart ein theoretisch-praktisches Reflexionsvermögen abgesprochen – weil das offenbar nicht ins Bild vom dummen Götterknaben paßte, wie es sich von Schumann über Wagner bis zu Milos Formans Mozartfilm ›Amadeus‹ fortzeugte. Zu Unrecht.

»Ich hätte lust ein Buch – eine kleine Musicalische kritick mit Exemplen zu schreiben«, erwägt Mozart am 28. Dezember 1782 und ließ es dann leider. Er haßte Schnellspieler wie den Abbé Vogler, die »alles anders spiellen als wie es in den Noten steht«. (18. Dezember 1777) Ohnehin könnten bei »der geschwindigkeit die augen nicht sehen und die hände nicht greiffen«, und die Zuhörer »können nichts sagen als daß sie Musick und Clavierspiellen – gesehen haben«. Über den Kollegen Clementi schreibt Mozart am 16. Januar 1782: »er hat sehr viele fertigkeit in der rechten hand. – seine haupt Pasagen sind die Terzen. – übrigens hat er um keinen kreutzer geschmack noch empfindung. – ein blosser Mechanicus.«*

Das Schnellspielen – wenn es denn nur obenhin geschieht – mißfiel ihm also; das Schnellschreiben dagegen betrieb er mit Leidenschaft. Kunststück. Er pflegte, bevor er etwas aufschrieb, es im Kopf fertig zu komponieren und sich einzuprägen. Ein RONDO – K. 373 – für den Salzburger Konzertmeister Antonio Brunetti (1744–1786) war erst in der Nacht vor der Aufführung zu Papier gebracht, genaugenommen »nur die accompagnementstimm für Brunetti geschrieben [...]; ich aber [habe] meine Parthie im kopf behalten.« (8. April 1781) Mozart erschien bei Konzerten des öfteren ohne Noten. Ohnehin galt das »Phantasieren« zu seiner Zeit geradezu als eine Tugend. Einige Proben des Phantasiereichtums Mozarts, der sich in seiner hochentwikkelten Kunst der formal mehr oder minder ungebundenen Improvisation zeigt, haben wir in den KLAVIERPHANTASIEN in d-moll und besonders in der in c-moll K. 475°, einer Art Vorspiel zur c-moll-SONATE K. 457°.

Zum Auftritt mit der damals berühmten Mantuaner Geigerin Regina Strinasacchi (1764–1823), über die Leopold Mozart anläßlich ihres Konzerts 1785 in Salzburg sagte, sie sei der lebendige Beweis dafür, »daß ein Frauenzimmer, die Talent hat, mit mehr Ausdruck spielt als eine Mannsperson«**, erschien ihr Begleiter Mozart nur mit einem Zettelchen in der Tasche, auf dem mit fliegender Hand für die Uraufführung des Klavierparts der SONATE B-Dur K. 454° am 24. April 1784 gerade das Allernötigste notiert war. Wie sonst auch freute sich Mozart bei diesem Konzert über eines mehr als über die Einnahmen: »denn applauso im Theater habe ich ihnen geschrieben, nur muß ich noch sagen, daß was mich am meisten gefreuet, und verwundert hat, war –

* Gegen spätromantisch breite Tempi, wie sie bei Mozart-Interpretationen bis heute leider nicht zu verhindern sind, hätte er allerdings ebenso etwas gehabt.

** Zit. nach Jahn, Mozart, Bd. 2, S. 30.

das erstaunliche Silentium – und mitten im spiellen das Bravo schreyen. – für Wienn, wo so vielle – und so vielle gute Clavierspieller sind, ist das gewis Ehre genug.« (8. April 1781)

Am 11. Februar 1785 traf Leopold Mozart zum Besuch bei Sohn und Schwiegertochter in Wien ein. Der Vater war beeindruckt und gerührt von dem, was er zu sehen bekam. »Es wurden die neuen Quartette gemacht«, schrieb er schon am zweiten Tag nach Salzburg. Der Sohn hatte Joseph Haydn eingeladen zur Aufführung seiner letzten drei Haydn-Quartette. Leopold Mozart spielte erste Geige, der Widmungsträger zweite, Wolfgang Amadé die Bratsche*, der Cellist ist unbekannt, womöglich war es Anton Kraft (1749 bis 1820), der Solocellist der Haydn-Kapelle in Eisenstadt und Esterhaza. Auch sonst war der Vater angetan: »Ich glaube, daß mein Sohn, wenn er keine Schulden zu bezahlen hat, itzt 2.000 Gulden in die bank legen kann: das Geld ist sicher da, die Hauswirtschaft ist, was Essen und Trinken betrifft, im höchsten Grad ökonomisch.« Freilich war das kein uneingeschränktes Lob, sondern es schwang auch Ironie mit. Denn Konstanze, Kind relativ armer Leute, knauserte in Küche und Haushalt, und da auch an Holz gespart wurde, muß Leopold erbärmlich gefroren haben in der winterlichen Wohnung. Verblüffend hoch hingegen waren im Hause Mozart die Ausgaben für Kleidung und Schmuck. So hat sich Leopold doch sehr gewundert, als Schwiegertochter und Sohn »jedes sich 6 Paar Schuhe hat machen lassen«.
Sein problematisches Verhältnis zu Konstanze besserte sich während des Besuchs nicht. Es blieb verkrampft bis zuletzt. Am Sohn jedoch hatte Leopold Mozart seine Freude, denn der war erfolgreich und prominent. Ein Blick in den Kalender beweist es:

* Mozart wählte, wenn er einmal ein Streichinstrument spielen sollte, in späteren Jahren immer die Bratsche, obwohl er als Violinvirtuose einst genauso berühmt gewesen war wie als Klavierwunder.

11. Februar 1785 (Ankunftstag): Das erste von fünf Freitagskonzerten im städtischen Kasino »Zur Mehlgrube« am Neumarktplatz. Mozart ist unter anderem mit dem gerade komponierten Klavierkonzert d-moll K. 466 dabei. Einnahmen: 150 Subscribenten zahlen je 3 Gulden (180 Mark).**
12. Februar: Hauskonzert mit Haydn.
13. Februar: Bei einer Akademie der Sängerin Luisa Laschi im Burgtheater stellt Mozart das Klavierkonzert B-Dur K. 456 vor.

** Siehe Anhang.

15. Februar: Auf der Akademie der Sängerin Elisabeth Distler im Burgtheater spielt Mozart erneut K. 466.
16. Februar: Drei Mozart-Sinfonien, wahrscheinlich K. 319, K. 338 und K. 385, erscheinen im Druck. Mozart beehrt eine Akademie bei Herrn Pleyer in Döbling.
18. Februar: Zweites Freitagskonzert in der »Mehlgrube«.
20. Februar: Große Mittagstafel im Haus des Burgschauspielers Friedrich Müller.
21. Februar: Mozart konzertiert mit dem Oboisten Lebrun – für ihn ist das Oboenkonzert K. 314° komponiert – auf einer Akademie im Haus des Fürsten Zichy.
24. Februar: Mozart nimmt an der Akademie seiner Schülerin Gustl Auernhammer teil.
25. Februar: Drittes Freitagskonzert.
28. Februar: Mozart gastiert bei einer Akademie Lebruns im Burgtheater.
4. März: Viertes Freitagskonzert.
5. März: Die Klavierkonzerte K. 413, K. 414 und K. 415 erscheinen im Druck.
6. März: Siehe 11. März.
10. März: Großes Konzert im Burgtheater. Mozart spielt das neue Klavierkonzert C-Dur K. 467° und verdient 559 Gulden.
11. März: Das fünfte Freitagskonzert muß entfallen, weil Größeres ansteht: der zweite Abend eines Festkonzerts der Tonkünstlerakademie, das am 6. März Premiere hatte und am 15. März zum dritten Mal gegeben wird. Auf dem Programm stehen eine Haydn-Sinfonie und Mozarts hastige Umarbeitung der c-moll-Messe K. 427° zur Kantate Davide Penitente K. 469° (die Textneufassung besorgte einer, von dem noch zu reden sein wird: Lorenzo da Ponte).
15. März: Siehe 11. März.
18. März: Sechstes und letztes Freitagskonzert.
20. März: Mozart gastiert bei der Akademie der Sängerin Nancy Storace.
3. April: Vater und Sohn spielen Quartett bei Baron von Wetzlar.
6. April: Leopold wird als »Lehrling« in Mozarts Loge »Zur Wohltätigkeit im Orient in Wien« aufgenommen.

16. April: Ein Klavierauszug der ENTFÜHRUNG erscheint im Druck.
19. April: Besuch bei der Baronin von Waldstätten in Klosterburg.
24. April: Aufführung der Kantate MAURERFREUDE K. 471 in der Loge »Zur gekrönten Hoffnung«.

Doch Leopold Mozart sah nicht nur den Erfolg seines Sohnes. Mit bewunderungswürdig klarem Blick erkannte er auch immer wieder dessen Wesenszüge. In einem Brief an die Baronin von Waldstätten schreibt er über Wolfgang, er sei »garzu geduldig oder schläferig, zu bequem, vielleicht manchmal zu stoltz, und wie sie dieses alles zusammentaufen wollen, womit der Mensch ohntätig wird: oder er ist zu ungedultig, zu hitzig und kann nichts abwarten. Es sind zween einander entgegen stehende Sätze die in ihm herschen – zu viel oder zu wenig und keine Mittelstrasse.«*

* Zit. nach Eibl, Mozart, S. 76.

6

Prag zum zweiten

Was Mozart bis zu dieser Zeit bereits komponiert hatte, reichte aus, ihm einen Platz in der ewigen Bestenliste der klassischen Musik zu sichern. Doch nun sollte eine musikalische Entwicklung folgen, die ihn unter den Großen zu einem der Allergrößten werden ließ. Das bezieht sich vor allem auf die sechs Opern, die der Dreißigjährige in den ihm noch verbleibenden fünf Lebensjahren schreibt.

Um solche Opern zu schaffen, hatte ihm bislang der kongeniale Textdichter gefehlt. Dem war er zwar schon begegnet, aber zu einer Zusammenarbeit hatte diese Begegnung vorerst nicht geführt. Emanuele Conegliano (1749–1838) hieß er, stammte aus dem Ghetto von Ceneda, einer kleinen Stadt in der Republik Venedig, heute Veneto, wurde mit vierzehn von einem Bischof namens Lorenzo da Ponte adoptiert. Der

gab ihm per christliche Taufe nicht nur eine neue Konfession, sondern auch einen neuen, nämlich seinen eigenen Namen. Zum Priester ausgebildet, als Priester eingesetzt, bald aber wegen Ketzerei und Ehebruchs zu lebenslangem Lehrverbot und fünfzehn Jahren Verbannung verurteilt, floh da Ponte jr. – ausgestattet mit gefälschten Papieren – in die österreichischen Erblande, ließ sich in Dresden zum Librettisten ausbilden und wurde als solcher in Wien mit viel Glück und Hilfe von Hofoperndirektor Salieri an die Hofoper geholt – und mit dem Libretto zu Giovanni Battista Martinis Oper ›Cosa rara‹ sowie den Textbüchern zu drei Mozart-Opern erfolgreich. Nach einem seiner eigenen Einschätzung zufolge nicht erfüllten, aber doch bunten Leben voller Intrigen und Abenteuer starb er neunzigjährig in den USA. In seinen Memoiren steht erfreulich viel über Frauen und bedauerlich wenig über Mozart, obwohl ihn die Zusammenarbeit mit diesem unsterblich gemacht hat. Sie begann mit Le nozze di Figaro.

Figaros Hochzeit K. 492° ist Mozarts einzige Oper, die nicht auf einen Auftrag zurückgeht. Da Ponte berichtet, Mozart habe den Stoff ausgesucht. Der war, politisch und gesellschaftlich brisant, wie geschaffen, um in der italienischen Oper mitzumischen, die nach Schließung der deutschen Oper ab 1783 wieder groß herauskam. Es handelte sich um Beaumarchais' Stück ›Le Mariage de Figaro‹, das 1784 in Paris uraufgeführt worden war und nach einem Rieseneklat alsbald zu einem gesamteuropäischen Gesprächsthema avancierte – das Skandalstück seiner Zeit, bestens geeignet, Klatschspalten wie Theater zu füllen. Der junge General Napoleon Bonaparte soll das Werk den »Sturmvogel der Revolution« genannt haben. Immerhin stürmte fünf Jahre nach dem Erfolg Beaumarchais' und drei Jahre nach der Uraufführung von Mozarts Oper das Pariser Volk die Bastille.
In Österreich ließ Joseph II. – Aufhebung der Zensur hin, Herrschaftsinteresse her – die Darbietung des Stoffs im Theater verbieten, was beispielsweise die Schauspieltruppe Emanuel Schikaneders traf. In Buchform dagegen war das Stück erhältlich – die Analphabetenrate lag, aus Sicht der Feinde der gesellschaftlichen Veränderungen, beruhigend hoch. Daß die Aufführung als Oper wiederum gestattet wurde, mag zum einen daran gelegen haben, daß Opernkarten sehr teuer waren,

zum anderen, daß italienisch gesungen wurde, und nur wenige, meist Adelige, verstanden dies. »Was in unsern Zeiten nicht erlaubt ist, gesagt zu werden«, hieß es in der ›Wiener Realzeitung‹ vom 11. Juli 1786 nach der Premiere, »wird gesungen. Könnte man nach ›Figaro‹ sagen. Dieses Stück, das man in Paris verbothen, und hier als Komödie sowohl in einer schlechten als in einer guten Uebersetzung aufzuführen nicht erlaubt hat, waren wir endlich so glücklich, als Oper vorgestellt zu sehen.«*

* Zit. nach Braunbehrens, Mozart in Wien, S. 301.

Am 2. November 1785 entschuldigt sich Wolfgang Amadé bei Leopold für die seit langem schleppende Korrespondenz; er habe »Hals und Kopf die opera, LE NOZZE DI FIGARO fertig machen« müssen. Leopold, der über die Problematik des Stoffs offenbar im Bild ist, gibt die Nachricht am 11. November an seine Tochter weiter: »ich kenne die piece, es ist ein sehr mühsammes stück. das wird ihm vielles Lauffen und disputiern kosten, bis er das Buch so angerichtet bekommt wie ers zu seiner absicht zu haben wünschet.« Da Ponte und Mozart arbeiten angestrengt den Winter hindurch am FIGARO. Trotzdem komponiert

Mozart – darf man angesichts der Qualität dieser Musik sagen: »nebenbei«? – im Januar 1786 die Komödie DER SCHAUSPIELDIREKTOR K. 486°, am 2. März beendet er die Komposition des KLAVIERKONZERTS K. 488 und am 24. März ist das KLAVIERKONZERT K. 491 fertig. Am 20. April schließen er und da Ponte die Arbeit am FIGARO ab. Da Ponte, zu dieser Zeit ein – wenn auch erfolgreicher – Anfänger als Librettist, hatte die sehr lange, sehr verwickelte Vorlage radikal gekürzt und dabei das Kunststück vollbracht, die politische Aussage noch zuzuspitzen. Daß eine Oper so entschieden den öffentlichen Meinungsstreit und damit Fragen der Gegenwart aufgreift, war damals eine beunruhigende Sensation. »Darinn, hoffen wir«, schrieb da Ponte im Vorwort zum Libretto, »wird uns genugsam entschuldigen die Verschiedenheit der Fäden, welche die Handlung dieses Schauspiels durchweben, das Neue und die Größe desselben, die Vielfältigkeit und Verschiedenheit der musikalischen Stücke, die man hineinbringen mußte, um nicht leider oft die Akteurs unthätig zu lassen, um den Eckel und die Einförmigkeit der langen Rezitative zu vermeiden, um verschiedene Leidenschaften, die da vorkommnen, mit verschiedenen Farben auszudrücken, besonders aber wegen der fast neuen Art des Schauspiels.« Und daß die Musik zu dieser Oper entsprechend avantgardistisch sein würde, war für Mozart schon drei Jahre zuvor klar gewesen: »Unter allen opern die wehrender zeit bis meine fertig seyn wird aufgeführt werden können, wird kein einziger gedanke einem von den meinen ähnlich seyn, dafür stehe ich gut!« (10. Februar 1784)

Obschon er den Stoff auswählte und vertonte, weil er darin sein – durchaus auch politisches – Weltbild vorgezeichnet fand, schuf Mozart mit dem FIGARO kein Agitationsstück. Keine der Figuren steht plakativ für eine Idee, alle atmen Leben durch die Musik. Wie in keiner Oper zuvor ist im FIGARO jedes musikalische Mittel motiviert durch die Erzählung des Geschehens, seiner Hinter-, Unter- und Abgründe.* »Die Konflikte«, stellt Stefan Kunze in seinem Buch über Mozarts Opern fest, »werden auch auf der Ebene der musikalischen Tektonik ausgetragen. Das heißt: Jedes Gebilde nimmt im Verlauf der Komposition immer neue Dimensionen der Empfindung und der Aktion an – letzteres, obgleich die äußere Handlung stillsteht.«**

* Der Wiener Theater- und Musikwissenschaftler Gerhard Scheit hat beschrieben, wie schon in der ersten Szene Susanna im Verlauf des Duettinos ihren Liebsten tonartlich und rhythmisch zu sich herüberzieht und schließlich dominiert. Siehe Scheit, Dramaturgie der Geschlechter, Frankfurt am Main 1995, S. 125 f.; siehe auch Anhang.

** Kunze, Mozarts Opern, S. 239.

SUSANNA, TU MI SEMBRI AGITATA E CONFUSA
CHERUBINO HIER- DA KOMMT DER GRAF HEREIN!
I. Atto Scena VI
ROUSSEAU

Die Oper beginnt mit dem Ausmessen des Ehebetts von Susanna und Figaro, dem Dienerpaar, das seine Hochzeit vorbereitet. Diese will der Dienstherr, Graf Almaviva, mit allen Mitteln verhindern. Und obwohl er öffentlich dem Feudalrecht der ersten Nacht abgeschworen hat, stellt er Susanna heimlich nach. Doch all seine Bemühungen, die Entwicklung zu steuern, schlagen fehl – und auf ihn zurück. Denn verglichen mit den Aristokraten sind die Dienstboten dieser Oper immer eine Sekunde schneller auf den Beinen und auf der Bühne, immer auch einen Tick klüger. Sie wollen unbedingt und ebenfalls mit allen Mitteln den Hafen der Ehe erreichen; sie sind nicht mehr gewillt, sich die Geliebte aus dem Bett und die Butter vom Brot nehmen zu lassen.

Aber vor dem endgültigen Sieg aller unterdrückten Gefühle über die Macht und ihre Konventionen geht es turbulent und auch ein wenig verwirrend zu: Graf und Page verstecken sich auf und unter einem Sessel in Susannas Schlafzimmer. Der Page wird darauf vom Grafen zum Militär geschickt und landet, nach Befehlsverweigerung und Fahnenflucht, im Schoß Barbarinas, der Gärtnerstochter, keineswegs aber, wie der vor Eifersucht rasende Graf vermutet, im Wandschrank der Gräfin, aus dem statt dessen Susanna heraustritt. Aus dem Fenster der Contessa sprang derweil ein Schatten, mitten in die Tulpen, so petzt es später der Gärtner. Ein Offizierspatent ohne Siegel taucht auf, ein existierendes Siegel, eine Nadel, dagegen verschwindet. Figaro, stellt sich

heraus, ist der verlorene Sohn Marcellinas, der Beschließerin im Schloß, und Bartholos, des Arztes, die ihn bis dahin ans Messer liefern wollten. Die Entschädigungssumme für ein geplatztes Eheversprechen entfällt, sie wird zur Mitgift für eine geplante Hochzeit. Die Nadel bleibt verschwunden.

Bevor das große Kuddelmuddel der Geschlechterliebe im dunklen Schloßpark, vierter Akt, an seinen Höhepunkt gelangt, preist der Gesangslehrer Don Basilio noch die Leisetreterei. Der Lauttreter Figaro dagegen verflucht die Frauen, denn sie scheinen ihm, da er seine Zukünftige mit dem Grafen nächtens hier verabredet glaubt, doch sehr untreu. Susanna antwortet darauf mit dem Hohenlied der Liebe, was ihr Geliebter, im Gebüsch versteckt, nicht zu schätzen weiß, weil er den Adressaten verkennt. Ein letztes Mal taucht zum falschen Zeitpunkt der Page auf und will ein Küßchen. Figaro seinerseits erhält eine Ohrfeige. Der Graf wähnt sich im Besitz Susannas, die allerdings die als

Susanna verkleidete Gräfin ist, während ein rachedurstiger Figaro sich an einer Gräfin schadlos halten will, bei der es sich in Wahrheit um die verkleidete Susanna handelt. Folglich ist Figaro, den der Graf mit seiner Frau in flagranti zu ertappen meint, zwar Figaro und der Graf sich absolut sicher, nun endlich vor dem lang ersehnten Triumph zu stehen. Aber des Grafen Frau entpuppt sich eben als Susanna und Susanna als Figaros Braut, und so muß der Graf, des Ehebruchs mit der eigenen Gattin überführt, vor dieser hinunter auf die Knie. Sie verzeiht ihm auf – auch musikalisch – himmlische Weise, und alles löst sich in Wohlgefallen auf. Nur kann im Ernst niemand mehr glauben, daß die Welt so heil ist, wie am Ende alle vorgeben.

In sein berühmtes ›Verzeichnüß aller meiner Werke‹ trug Mozart den FIGARO am 29. April 1786 als »opera buffa« ein, auf dem Deckblatt des Libretto-Erstdrucks steht »Commedia per musica«*. Allerdings: Eine Buffo-Oper in der damals beliebten Art Giovanni Paisiellos (1740 bis 1816) oder gar in der champagnerleichten Manier Gioacchino Rossinis (1792–1868), der sich des gleichen Stoffs drei Jahrzehnte später in seinem ›Barbier von Sevilla‹ annahm, ist Mozarts FIGARO nicht. Denn nur zwei seiner Figuren, der Musikmeister Basilio und der Gärtner Antonio, können als parodistisch und komisch gelten; alle anderen sind im Schillerschen Sinn naiv oder im Shakespeareschen realistisch. »Nicht die komische Intrige, nicht die Frivolität des Stoffes reizte ihn«, schreibt Ernst Lert über Mozarts Absichten im FIGARO, »sondern die runde, nackte, phrasenlose Darstellung der Gesellschaft. Nicht nur der Gesellschaft des französischen Rokoko, sondern der aller Welt, solange es Welt und Gesellschaft gibt. Ohne sentimentalische Beschönigung, aber auch ohne Haß.«**
Möglich wird ihm dies durch die Musik. Sie ist Bewegung, wechselt ständig Farbe, Ausdruck und Perspektive. Sie reißt alle Personen mit sich in den dichten Reigen eines beziehungsreichen Tanzes. Wie in

* Siehe Anhang.

** Lert, Mozart auf dem Theater. Zit. nach Attila Csampai und Dietmar Holland (Hg.), Wolfgang Amadeus Mozart: Die Hochzeit des Figaro, Reinbek 1982, S. 274.

keiner Oper zuvor, ist das Drama im FIGARO im Hegelschen Sinn aufgehoben in den Ensembles, die, wie der Mozart-Kenner Stefan Kunze bemerkt hat, mit vierzehn Nummern den gleichen Platz beanspruchen wie die vierzehn Arien. Monologisch im traditionellen Sinn, also weder eingebunden in eine Ensemblesituation noch ans Publikum gewandt, sind davon allerdings nur die Cavatine der Gräfin zu Beginn des zweiten Aktes, ihre Arie im dritten Akt sowie die Arie des Grafen – drei Stücke, die nicht zufällig den beiden gesellschaftlich Ranghöchsten der Oper auf den Leib geschrieben sind. Es mag erstaunen, daß Mozart die Beweglichkeit und die Seelenzustände seiner Figuren mit dem »Ordnungsprinzip« der Wiener Klassik einfängt: dem Sonatenstil. Daß der »das ideale Medium zur Darstellung höchster dramatischer Dynamik war, ist nur insofern eine übermäßige Simplifizierung, als sie außer acht läßt, welch bedeutende Rolle die Oper selbst in der Entwicklung des Sonatenstils gespielt hat«*.

Daß Kaiser Joseph II. die Aufführung dieser Skandaloper schließlich genehmigte, ist nicht allein da Ponte und Mozart zu verdanken. Da Ponte meinte zwar, sie hätten den Monarchen mit dem Vorspielen von Teilen des unfertigen Werks auf den Geschmack gebracht,** aber Volkmar Braunbehrens vermutet darüber hinaus auch persönliche Motive des Kaisers: Joseph II. sei es in der neuen Oper »nicht in erster Linie um den Bediensteten gegangen, der sich wehrt, sondern darum, dem betroffenen Adel den Spiegel vorzuhalten«. Der FIGARO propagiere insofern, »was wesentlicher Bestandteil der josephinischen Innenpolitik war: die Eliminierung adeliger Privilegien, die rechtliche Gleichstellung aller Untertanen. Im Rahmen der josephinischen Reformen hatte der Text nicht so sehr revolutionäre Untertöne – die er nur haben konnte, wenn die geschilderten Zustände verteidigt und aufrechterhalten werden sollten –, sondern ihm kam eine Signalwirkung zu, die sich propagandistisch dem josephinischen Staatsziel bestens einordnen ließ.«*** Die Bestrebungen Josephs II. deckten sich, wie schon dargelegt, keineswegs mit dem Willen der hegemonialen Klasse, was sich spätestens und dann schlagartig nach seinem Ableben zeigte, und überhaupt richtete sich der FIGARO eindeutig gegen die herrschende Ideologie. So oder so – Mozart hatte sich einmal mehr politisch exponiert. Nicht demonstrativ als musikalischer Herold kaiserlicher Reformgedanken, wohl aber als eigenständiger Schöpfer eines zumin-

* Charles Rosen, Der klassische Stil, Haydn, Mozart, Beethoven, Kassel 1999, S. 329 f.

** Lorenzo da Ponte, Memoiren des Mozart-Librettisten, galanten Liebhabers und Abenteurers, Berlin 1970, S. 125.

*** Braunbehrens, Mozart in Wien, S. 231.

dest ästhetisch unstrittig revolutionären Bühnenwerks, das, subtil und wunderschön, bewußt auch gesellschaftliche Schlußfolgerungen nahelegt.

Am 1. Mai 1786 war Premiere im Wiener Burgtheater. Die Zustimmung des Publikums, das zunächst verhalten reagiert hatte, wuchs von Vorstellung zu Vorstellung. Warum der FIGARO nach neun Aufführungen innerhalb eines halben Jahres trotzdem abgesetzt wurde, ist bis heute nicht geklärt.

Triumphe feierte der FIGARO erst kurz darauf in Prag. »Hier wird von nichts gesprochen als vom – figaro«, schreibt Mozart am 15. Januar 1787 von der Moldau an Gottfried von Jacquin, »nichts gespielt, geblasen, gesungen und gepfiffen als – figaro: keine Opera besucht als – figaro und Ewig figaro; gewis grosse Ehre für mich.« Eine Ehre für ihn war schon die Einladung der Prager »Gesellschaft großer Kenner und Liebhaber«, zu den Aufführungen seines Opern-Schlagers ins Ständetheater nach Prag zu kommen. Mozart brachte bei dieser Gelegenheit

gleich ein weiteres neues Werk mit, die SINFONIE K. 504°, uraufgeführt am 19. Januar am selben Ort und darum bis heute PRAGER SINFONIE genannt. Bekanntlich war damals der dritte Satz einer klassischen Sinfonie – als Reminiszenz ans höfische Tanzzeremoniell – einem Menuett vorbehalten. In K. 504 fehlt es. Die Sinfonie ist – wie die Sinfonien vor Haydn – dreisätzig. Mozart, der musikalisch nie etwas ohne Kalkül tat, könnte damit das in Prag vergleichsweise entwickelte bürgerliche Selbstbewußtsein gewürdigt haben. Der ähnlich motivierte FIGARO wurde in Prag »sofort als eine Oper verstanden, die sich gegen die eingefahrene italienische Operntradition absetzte«, eine Tradition, die von den Pragern selbstverständlich mit dem Habsburger Herrscherhaus identifiziert wurde. »Damit ließ sich Mozart auch für den von allen Prager Schichten getragenen böhmischen Patriotismus vermitteln.«* Seit den Tagen des »Prager Fenstersturzes« zu Beginn des Dreißigjährigen Krieges und der nachfolgenden Demütigung des böhmischen Nationalstolzes durch Österreichs Herrscher standen Böhmens Patrioten mit der Habsburger Besatzungsmacht in Konflikt. So hatte der Jubel über den FIGARO – neben der echten Freude an der Musik – durchaus auch ein politisches Motiv.
Kurz vor seiner Abreise nach Wien schloß Mozart noch einen Vertrag mit dem Theaterunternehmer Pasquale Bondini (ca. 1740–1789): Er verpflichtete sich, eine neue Oper für die nächste Saison zu komponieren. Als er am 1. Oktober 1787 erneut nach Prag kam, hatte er daher den fast fertigen DON GIOVANNI K. 527° im Gepäck.

Auch hier war Lorenzo da Ponte wieder der Textdichter. Bei der Vorlage handelt es sich diesmal um ein uraltes Thema – moralische Abschreckung –, das dessen erster Bearbeiter, Tirso de Molina (ca. 1584 bis 1648), bereits mit den Mitteln des Witzes und Abenteuers zu würzen wußte.** All den Dingen, die dem Christen verboten sind, wie Verführung oder Vergewaltigung, Mord oder Grabschändung, darf der Zuschauer fasziniert beiwohnen. Mozart/da Ponte machten aus einem Mantel-und-Degen-Stück alten Stils ein aufregendes Psychodrama. In der Gebrochenheit der Figuren, die sich alle, jede auf ihre Weise, um den Mittelpunkt und Titelhelden der Oper drehen, spürt man die Gebrochenheit einer untergehenden Gesellschaft.*** Mozart und sein Librettist wußten, warum sie sich gerade dieser Geschichte annahmen.

* Braunbehrens, Mozart in Wien, S. 317.

** Siehe Friedrich Dieckmann, Die Geschichte Don Giovannis, Frankfurt am Main 1991.

*** Ivan Nagel, Autonomie und Gnade. Über Mozarts Opern, München/Wien 1985.

PENTITI !
NO !
Atto II
Scena XV

Und am Ergebnis hört man, daß die Arbeit auch Spaß gemacht haben muß.

Don Giovanni ist ein dynamischer, dämonischer Mann. Unter Vortäuschung heißer Liebe oder mit dem Versprechen lauwarmer Ehe verführt er Frauen; er ermordet ihre Väter, schändet Grabmäler und mißhandelt Untergebene. Er ist ein Prototyp seiner Klasse – Marke »adeliger Unhold« – und entstammt sichtlich der Renaissance; am Ende seines kurzen, aber ereignisreichen Lebens weigert er sich standhaft, seine Taten auch nur eine Sekunde zu bereuen – er ist Antichrist, Anarchist, Existentialist und was die Moderne noch an Ausprägungen ungebremster Individualität hervorgebracht hat. Mit einem beeindruckenden Aufschrei – Stimmlage Baßbariton – wird er am Ende vom Erdboden verschluckt.

Leporello, Don Giovannis Diener, ist die duckmäuserischste unter den Dienergestalten Mozarts. Schwankend zwischen Bewunderung und Abscheu, entscheidet er sich, auch ohne Trinkgeld, letztlich für ersteres. Anders als Figaro wagt er es nicht, seinem Herrn Paroli zu bieten; er will lieber selbst Herr sein. Er protzt heftig mit den Verführungsrekorden seines Idols: 640 weibliche Don-Giovanni-Opfer hat Leporello in Italien gezählt, 91 in der Türkei. Ganz besonders toll aber hat es der Titelheld in Spanien getrieben, wo ihm 1.003 Frauen erlagen. »Im Winter will er die Fette«, weiß der Diener zu berichten, »im Sommer will er die Dürre; / die Große findet er majestätisch, / die Kleine findet er stets bezaubernd.« Es sei seinem Herrn egal,

ob die Frauen alt oder jung, arm oder reich, häßlich oder schön seien – »wenn sie nur einen Rock anhat, muß er sie haben.« Die Musik, die Mozart Leporello geschrieben hat, verrät es: Der Diener träumt davon, Don Giovanni zu sein. Und der tut ihm den Gefallen aus lauter Lust an Lug und Trug: Er steckt den Diener in seine Herrenkleider. Aber kaum daß der den Duft der großen Welt eingesogen hat, gerät er schon in lebensgefährliche Schwierigkeiten: Man hält ihn für seinen Herrn und will abrechnen mit ihm. Leporello aber hat mit den Kleidern der Aristokratie noch lange nicht deren Wendigkeit übergestreift. Sein Manko, verglichen mit anderen Dienstleuten aus Mozart-Opern wie Susanna und Figaro, Zerlina und Masetto, Despina oder auch Papageno: Er ist allein und bleibt allein. Während Zerlina und Masetto am Ende von Don Giovanni das einzig Richtige machen – sie gehen »in Gesellschaft« essen –, begibt sich Leporello allein ins Wirtshaus, sich »einen besseren Herrn suchen«.

Der Komtur, eine bedeutende Person des öffentlichen Lebens und Vater Donna Annas, eilt zu Beginn der Oper seiner Tochter gegen den nächtlichen Eindringling Don Giovanni zu Hilfe. Doch der Alters- und Kräfteunterschied ist zu groß, sein Einschreiten kostet ihn das Leben. Tot ist der Alte dem Unhold freilich gefährlicher als lebendig: Als nämlich Don Giovanni, begleitet von seinem schlotternden Diener, den Friedhof aufsucht, macht sich das Grabmal des Alten bemerkbar. Leporello vergeht fast vor Schrecken, aber der Mörder lädt den Ermordeten kaltblütig zum Abendbrot. Und der Komtur, halb Repräsentant glorreicher Etikette, halb Rachegott ewiger Mythologie, nimmt dankend an. Unter Blitz und Donner klopft er an die Tür des Hauses, begleitet von Pauken, Trompeten und grausig gestimmten Posaunen tritt er näher. Trotz wiederholten Drängens des Komturs (»Pentiti!« – »Bereue!«) und trotz schauerlich-schönster Musik ist Don Giovanni nicht bereit, der steinernen Ethik des Gastes zu folgen.

Donna Anna, Tochter des Komturs, ist eingangs von Don Giovanni heftig zur Liebe gedrängt worden. Ob sie nachgab oder gezwungen wurde, bleibt unklar; jedenfalls signalisiert sie irgendwann ihren Unwillen, der Mann wird abermals grob, und sie flüchtet hilfeschreiend vor das Haus. So wird ihr Vater alarmiert und fällt, wie erwähnt, prompt dem mörderischen Treiben des Unholds zum Opfer. Anna, »angelegt zwischen Heulsuse und Racheengel«*, steht an der Leiche des Alten, neben sich ihren Verlobten. Der wird nun vom Gegenstand romantischer Liebe zum Instrument infernalischen Hasses und will so gar nicht mehr zu Anna passen. Don Giovanni avanciert – sei's durch Haß, sei's durch Liebe – zum Mittelpunkt auch dieses kurz vor dem Ende rätselhaft in die Konvention flüchtenden Frauenlebens. Warum Anna sich aber ihrem Verlobten bis zum letzten Vorhang entzieht, im Schlußrondo wie zum Schutz zu respektablen Koloraturen findet und sich schließlich gar in ein Kloster begibt, das bleibt im dunkeln.

*Hildesheimer, Mozart, S. 233.

Annas Verlobten Don Ottavio muß man recht ratlos als tugendhaft bezeichnen. Umwehte ihn nicht Adelsluft, er könnte das bürgerlich-protestantische Gegenmodell zum feudal-katholischen Don Giovanni sein. Möglich, daß Mozart mit ihm tatsächlich eine charakterliche Alternative zum Titelhelden aufzeigen wollte; Konflikte etwa löst Ottavio weit friedfertiger und gefühlvoller als sonst unter Männern üblich. Von Donna Anna wiederholt zur Rache aufgefordert, beschenkt er den Hörer statt dessen mit milden Liebestönen. Für Don Giovanni ist er ungefährlich, für Donna Anna – alles in allem – langweilig.

Und Donna Elvira, ist sie herzensgut? Sie hat als einzige Frau der Oper von der sagenumwobenen Männlichkeit Don Giovannis kosten dürfen und ist davon süchtig geworden. Selbst die infamsten Demütigungen nimmt sie ohne Gegenwehr hin, unbelehrt und liebesbereit bis zur Selbstaufgabe. In ihrer Art, mit Don Giovanni umzugehen, liegt nicht nur Nudelholz, sondern auch Humanität. Was für Anna die Rache, ist für Elvira die Ehe. Die selbstzerstörerische Folgerichtigkeit, mit der sie ihrem Unglück nachrennt, führt zu bedenklich hörenswerter Musik. Noch kurz vor Schluß bietet sie ihrem Schwarm das traute Heim als letzte Rettung an.»Alles vergebe ich, was du verbrochen«, singt sie, »Erbarmen nur fühle ich.« Giovanni, der sie erst einmal fröhlich zum Essen einlädt, ist erstaunt über so viel Selbstlosigkeit. Doch schnell findet er wieder zu sich. Vor die Wahl gestellt, zieht er die Hölle dem Eheknast vor.

Bleibt die Unterschicht, bleiben Masetto und seine Braut, die flinke, sensible Zerlina. Ihr Liebster wird gern als Bauerntölpel auf die Bühne gestellt – da werden soziale Ohnmacht und eine gewisse Langsamkeit im Erkennen widriger Umstände mit Dummheit verwechselt. Gleich in der ersten seiner beiden Arien macht er deutlich, wie gut er die Machtlosigkeit der Unterschicht begreift. Spontan stehen ihm Zorn und Spott, ja sogar Ironie zu Gebote: »Oh, wie könnt ich euch mißtrauen«, schleudert er dem gnädigen Herrn entgegen, als der gerade dazu ansetzt, die bäuerliche Braut zu verführen, »seid ihr doch ein Kavalier; / deutlich sagt mir Eure Huld, / was Ihr haben wollt von mir.« Masetto ist kein pastoraler Trottel, er durchschaut seine Lage und weiß, daß es Don Giovanni nach seiner Frau verlangt. Für die zeitgemäßere Variante des Aufbegehrens – Intrige, List und Tücke –, die eine Oper zuvor von Figaro virtuos gehandhabt wird, ist er jedoch in der Tat zu bäuerlich. Auch daß er Zerlina zweimal recht schnell vergibt, liegt weniger an deren rührend weitherziger Art, um Verzeihung zu bitten, als in der klugen Einsicht des Bauern, daß für ihn die Zeit noch nicht reif ist für revolutionäre Schritte. Wenn Don Ottavio das psychologische Gegenstück zu Don Giovanni ist, dann Masetto das soziale.

Zerlina gehört der zu ihrer Zeit größten und schwächsten Klasse an, und sie weiß, was sie will: ihren Mann. Aber natürlich, ein kleiner Ausflug in die Welt des Luxus und der Wonnen wär' auch nicht übel! Einmal in ihrem bäuerlichen Dasein möchte sie statt Wasser Malvasier im Mund haben, statt Stroh die damastenen Bettücher der Aristokratie unterm Hintern. Sie ist die Zukunft ihres Geschlechts, denn als einzige Frau tritt sie dem Verführer selbstbewußt und souverän entgegen. Zweimal sieht sie sich als Gegenstand der Begierde des adeligen Epochenlüstlings. Beim ersten Mal – »reich mir die Hand mein Leben« – gerät sie genüßlich ins Wanken und wäre Don Giovanni unweigerlich zum Opfer gefallen, wenn nicht Donna Elvira im letzten Moment dazwischen getreten wäre. Beim zweiten Mal aber empfindet sie statt Verlockung und Süße nur Ekel vor der Dreistigkeit des Verführers – sie schreit laut auf, als er sich ihr abermals nähert. Bei aller Genußsucht kennt sie ihren Platz. Und Don Giovanni reizt wohl weniger der Duft von Schweiß und frischem Heu als vielmehr die delikate Situation: Er kann sie auf ihrer eigenen Hochzeit verführen! Die Geschicklichkeit und Nüchternheit, mit denen Zerlina den kleinen Ausflug in die höhere Gesellschaft in ihr Leben einbettet, macht sie zur Lieblingsschwester Susannas und Despinas. »Im Bild Zerlinas hält der Rhythmus von Rokoko und Revolution inne. Sie ist keine Schäferin mehr und noch keine citoyenne. Sie gehört dem geschichtlichen Augenblick dazwischen, und an ihr geht flüchtig eine Humanität auf, die unverstümmelt wäre vom feudalen Zwang und geschützt vor bürgerlicher Barbarei.«*

* Theodor W. Adorno, Huldigung an Zerlina, in: ders., Moments musicaux, Frankfurt am Main 1964.

»Dramma giocoso« steht diesmal unter dem Titel der Oper. Mozart wußte offenbar nicht recht, wie er seine letzten beiden Werke nennen sollte, so weit gingen sie über die bis dahin geltenden Gattungsgrenzen hinaus. Zum Ausdruck kommt dies vor allem in den grandiosen Ensembles und Finales, die an musikalischer und szenischer Dramatik nicht mehr zu überbieten sind.*

*»›Don Giovanni‹ paßt zu keinem der verschiedenen Untertitel, die ihm zuteil geworden sind; die Oper hat gewiß manches von einer Opera buffa, einer Opera seria, einem Dramma giocoso, einer Opera semiseria – aber vor allem ist es ein Werk neuer Art.« Knepler, Mozart, S. 336.

»Den 29:t ocktb: gieng meine oper D:Giovanni in scena, und zwar mit dem lautesten beyfall«, schreibt Mozart am 4. November 1787 an Gottfried von Jacquin. Der Erfolg war wieder pragerisch: »Vieleicht wird sie doch in Wienn aufgeführt?« fragt er bänglich-hoffnungsvoll, denn Prag, so gut ihm der Beifall tut, ist in den Augen des Weltstädters doch nur Provinz, wenn auch die mozartbegeistertste. »Man wendet hier alles mögliche an um mich zu bereden, ein paar Monathe noch hier zu bleiben, und noch eine Oper zu schreiben, – ich kann aber diesen antrag, so schmeichelhaft er immer ist, nicht annehmen.«

Warum nicht? Der plausibelste Grund: Mozart hatte erfahren, daß Christoph Willibald Gluck dem Tod nahe war (er starb am 15. November 1787). Gluck hatte eine mit 2.000 Gulden dotierte Stelle am Hof zu Wien, um die mußte sich schnellstens kümmern, wer immer Nachfolger werden wollte. Mozart reiste also zurück – und bekam sie zunächst nicht. Sein anderer Wunsch ging in Erfüllung: Anfang Mai 1788 wurde der Don Giovanni am Burgtheater aufgeführt. Der Kaiser, der dafür gesorgt hatte, sah bestenfalls noch die Proben, denn er war im Februar ins Feldlager aufgebrochen; der Krieg gegen die Türken tobte. Die Wiener hatten die alten Probleme mit Mozarts Musik – sie sei wohl schön, aber zu ungewohnt und schwer. Da Ponte zitiert in seinen Memoiren den Kaiser so: »Diese Oper ist kostbar, ist göttlich, vielleicht sogar besser als der Figaro, aber sie ist keine Kost für die Zähne meiner Wiener.« Worauf, immer noch nach da Ponte, Mozart geantwortet haben soll: »Man muß ihnen Zeit lassen, sie zu kauen.«**

** Da Ponte, Memoiren, S. 132.

Immerhin folgten bis Jahresende fünfzehn Vorstellungen, für die Mozart 225 Gulden bekam. Der Kaiser sollte die ganze Oper erst nach seiner Rückkehr aus dem Felde sehen, im Dezember 1789, als todkranker Mann.

Am 28. Mai 1787 starb Leopold Mozart. Was der Sohn dachte und fühlte, behielt er für sich. Die Habe seines Vaters kam unter den Hammer, die Versteigerung fand am 25. September auf dem Hannibal-Platz, dem heutigen Markart-Platz, in Salzburg statt; hier wurde – bemerkenswert im Hinblick auf Leopold Mozarts aufklärerische Interessen – unter anderem folgendes versteigert: »Erstens ein zusammengesetztes Mikroscop mit aller Zugehörde, so von Dollond in London verfertiget worden, das noch bestens konditionirt, und in keinem Stück mangelhaft ist. Zweitens ein vortreffliches Sonnemikroscop mit aller Zugehörde. Drittens ein achromatischer Tubus von drey Schuhen in der Länge mit doppeltem Objektivglase vom nämlichen Dolland bearbeitet: wie auch viertens ein Flügel von dem berühmten Friderici aus Gera in zwey Manualen aus Ebenholz, und Elfenbein durch fünf ganze Octav, dann einem besondern Cornet, und Lautenzug.«*

Bekanntlich wird das Erbe in von Todesfällen betroffenen Familien oft erst nach langen Auseinandersetzungen aufgeteilt. So auch bei den Mozarts: »Da es deinem Manne, meinem lieben schwager«, schreibt Mozart an Nannerl, die 1784 Johann Baptist von Berchthold zu Sonnenburg (1736–1801) geheiratet hatte, »(welchen ich durch dich 1000mal küssen lasse) so wie mir darum zu tun ist, der ganzen sache so bald als möglich ein ende zu machen, so neme ich seynen Antrag an. [Mozart sollte eine Abfindung erhalten] jedoch mit der einzigen ausnahme, das mir die 1000 fl. nicht in Reichsgeld sondern in Wiennergeld, und zwar per wechsel bezahlt werden.« (1. August 1787).

Der durch den Erbschaftsstreit erbosten Schwester schickte Mozart ein Jahr später »neue sachen von mir fürs Clavier« mit der Bemerkung, »ich hoffe dies wird alles wieder ins geleyse bringen«. (2. August 1788) Mit den »Sachen« meinte er vor allem das unvergleichliche ADAGIO h-moll K. 540, ein Stück, das er, wie Georg Knepler vermutet, dem Vater gewidmet hatte. Mozart habe es bewußt der Schwester zum Spielen überlassen, weil er in dem strengen und ernsten, mitunter auch hochfahrenden und zugleich weichen und nachdenklichen Werk – »die Nähe zur Kirchenmusik ist unverkennbar« – den Vater porträtiert habe. Wie bei jedem Mollstück, so Knepler weiter, frage man sich auch bei diesem, welche Tonart wohl das letzte Wort habe: Dur oder Moll?

* ›Salzburger Intelligenzblatt‹ vom 15. September 1787. – Die Hammerflügel zur Mozart-Zeit hatten fünf Oktaven und noch bis in die vierziger Jahre des nachfolgenden Jahrhunderts registerartige Pedale wie den »Cornett-«, »Fagott-«, »Janitscharen-« oder »Lautenzug«, mit denen die Klangfarben so spielerisch wie überraschend verändert werden konnten.

K. 540 neigt sich in tieftraurigem Moll dem Ende zu. Dann aber folgen noch sechs Takte einer Coda. In einer nur Mozart möglichen, einzigartigen Mischung aus Lebenskraft, Melancholie und Unschuld wird in ihr – leise, aber machtvoll – das Dur beschworen. »Es liegt im Konzept dieses wundervollen Musikstücks, daß, wer wem nachgibt, verzeiht, wer sich mit wem versöhnt, nicht entschieden wird.«*

* Knepler, Mozart, S. 281.

7

Wien zum letzten

Im April 1787 ziehen die Mozarts aus ihrer prächtigen Wohnung in der Schulerstraße 5 – heute Domgasse – in die damalige Vorstadt, Landstraße 224. Mozart ist bereits oft umgezogen, aber dieser Wohnungswechsel markiert wie kein anderer einen Wandel. Dunkle Schatten zeichnen sich ab, schon der Streit um das Vermögen des Vaters hatte eine gewisse Bedrängnis Wolfgang Amadés in Geldangelegenheiten verraten. Von nun an gerät er diesbezüglich in zunehmende Schwierigkeiten, es droht eine Katastrophe.

Am 7. Dezember 1787 wird er vom Kaiser endlich zum k.k. »Kammer-Kompositeur« ernannt. Seine Aufgabe ist es, Musik zu liefern, Kontretänze und deutsche Tänze für die während des Karnevals stattfindenden Bälle in den Redoutesälen der Hofburg. Die 800 Gulden, die er dafür bekam, waren viel Geld, auf heutige Verhältnisse umgerechnet knapp 50.000 Mark. Damit hatte er bis an sein Lebensende ein monatliches Grundgehalt von gut 4.000 Mark. Wenn man bedenkt, daß ein Stubenmädchen mit 20 Gulden im Jahr zufrieden sein mußte, Mozarts späterer Schwager Franz Hofer als zwölfter Geiger der Kirchenmusik von St. Stephan mit 150 Gulden, daß Joseph Haydn als Leiter der Esterhazy-Hofkapelle lange Zeit 600 Gulden verdiente, dann sind 800 Gulden eine stolze Summe, selbst wenn sie sich, verglichen mit den 20.000 Gulden Jahresgehalt eines Ministers oder Staatsrats, wieder bescheiden ausnehmen.

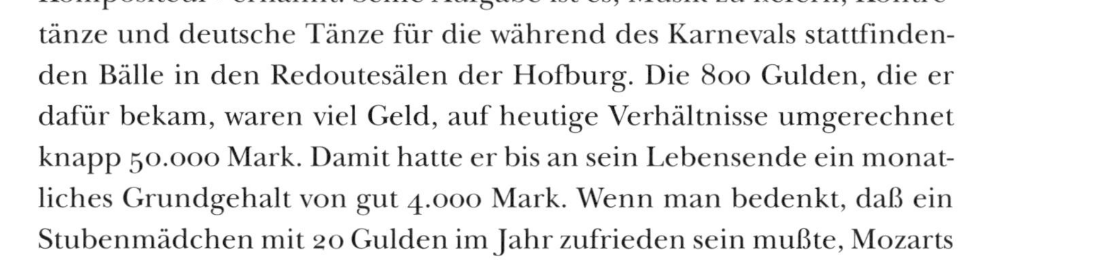

Als Gage für eine nur einmal jährlich zu erbringende, vergleichsweise kleine Arbeit waren die 800 Gulden allerdings nur ein geringer Teil von Mozarts Jahreseinnahmen.* So erhielt er für nur eine einzige seiner Akademien in der Hofburg oder im Konzertsaal »Mehlgrube« stolze 400 bis 1.000 Gulden; darüber hinaus brachten ihm seine Schüler in der frühen Wiener Zeit jährlich rund 650 Gulden ein. An Opernhonoraren kassierte er 1786 für den SCHAUSPIELDIREKTOR und für den in Wien und Prag aufgeführten FIGARO zusammen 665 Gulden, 1787 für den Prager DON GIOVANNI 450 Gulden und als Abendeinnahmen einer zusätzlichen Aufführung 700 Gulden, für den DON GIOVANNI in Wien 225 Gulden. Nicht zu reden von den Honoraren für gedruckte Kompositionen und den Geschenken der Aristokratie wie beispielsweise mit Dukaten gefüllten, goldenen Tabakdosen, goldenen Uhren oder Diamantringen, deren Wert in die Tausende ging. Daraus ergaben sich für Mozart – berechnet nur aus den in Briefen und Dokumenten überlieferten Angaben – folgende Jahreseinnahmen: 1785 = 1.279 Gulden; 1786 = 756 Gulden; 1787 = 3.216 Gulden; 1788 = 1.025 Gulden; 1789 = 2.535 Gulden; 1790 = 1.865 Gulden; und im Todesjahr 1791 = 3.725 Gulden.**

Wo ist all das Geld geblieben? Der Adel, hieß es lange, habe Mozart ab etwa 1788 fallenlassen, Mozart habe kaum noch etwas eingenommen, habe am Hungertuch genagt, sei schließlich verarmt und vereinsamt gestorben und in einem Massengrab verscharrt worden – natürlich nicht ohne vorher noch das Morgenrot seines Weltruhms geschaut zu haben, mit ersterbendem Auge, auf dem Totenbett, zauberflötenmatt, requiemumflort.

Märchen haben sich schon immer besser verkauft als die Realität, zumal diese im Fall Mozart bis heute weitgehend unbekannt ist. Mozarts Gattin oder ihr zweiter Mann, Georg Nikolaus Nissen, haben die ihnen zugänglichen Dokumente und Briefe des Maestros teils retuschiert, teils vernichtet; offenbar galt ihr Augenmerk besonders jenen Stellen, die das liebe Geld betreffen, aber auch solchen, wo es um die politische Haltung Mozarts oder die Frage ehelicher Treue ging. Jedenfalls gibt es in den Unterlagen Riesenlücken, und wer die Frage nach dem Verbleib all des schönen Geldes beantworten will, kann nur spekulieren.

Im damaligen Wien kosteten Wohnungen im Vergleich zu heute we-

* Die Zahlen hier und im folgenden sind entnommen: Braunbehrens, Mozart in Wien, S. 146 f.; Leonhart, Mozart, S. 189 f.; Uwe Kraemer, Wer hat Mozart verhungern lassen?, in: Musica (1976), S. 203–211.

** H.C. Landon kommt für 1791 sogar auf 5.763 Gulden – heute gut und gerne 350.000 Mark; Haydn soll in seinen besten Londoner Zeiten nicht mehr verdient haben. Siehe Landon, 1791, S. 85 f.

nig, doch immerhin bezahlte man für gehobenen Standard, etwa für die Schulerstraßen-Wohnung, um die 1.000 Gulden im Jahr. Mozarts Friseur bekam von ihm für Rasieren und Morgentoilette monatlich 2 Gulden. Für 1 Gulden konnte man 4 Pfund Butter oder 4 Pfund Kerzen kaufen, 10 Pfund Rindfleisch oder 1 Opernbillett. Für Lebensmittel wandten Gutbetuchte jährlich insgesamt rund 180 Gulden auf, für achtbare Kleidung 160. Alles in allem keine Beträge für einen, der über ein geschätztes Jahreseinkommen von mindestens 100.000 Mark verfügte. Hat Mozart also ein sorgenfreies Leben geführt in Saus und Braus?

Zweifellos nicht. Wohl in Saus und Braus, aber nicht sorgenfrei. »Ich bin ihnen noch 8 Dukaten schuldig«, schreibt er im Juni 1788 an seinen Logenbruder und Freund, den Seidengroßhändler Michael Puchberg (1741–1822), »überdies daß ich dermalen außer Stand bin, Sie Ihnen zurück zu bezahlen, so geht mein Vertrauen gegen Sie so weit, daß ich Sie zu bitten wage, mir nur bis künftige Woche (wo meine Academien im Casino anfangen) mit 100 fl. auszuhelfen.«*

* Diese Akademien fanden nicht statt. Stefan Kunze vermutet, daß es sich um die Veranstaltungen handelt, auf denen die im Sommer 1788 komponierten drei letzten Sinfonien K. 543, 550 und 551 aufgeführt werden sollten.

Es beginnt damit jene Reihe bedrückender Bettelbriefe, die Mozart bis Juni 1791 an Puchberg schicken wird und die vor allem Grundlage und Ausgangspunkt geworden sind für alle melodramatischen Spekulationen. Daß er in schwerer finanzieller Bedrängnis war, ist nicht zu bezweifeln, daß er – auch in den fraglichen Jahren – Unsummen verdient hat, allerdings ebensowenig. Die Lektüre der Briefe ist durchweg bedrückend:

»Wenn Sie die liebe und freundschaft für mich haben wollten, mich auf 1 oder 2 Jahre, mit 1 oder 2 tausend gulden [das wären immerhin 120.000 Mark!] gegen gebührenden Intereßen [Zinsen] zu unterstützen, so würden sie mir auf acker und Pflug helfen! – Sie werden gewis selbst sicher und wahr finden, daß es übel, Ja ohnmöglich zu leben sey, wenn man von Einahme zu Einahme warten muß!« (17. Juni 1788 – einen Monat zuvor hatte Mozart für den Don Giovanni in Wien umgerechnet 14.000 Mark kassiert.)

»Wenn Sie werthester Br: [Abk. für Bruder, womit Mozart die Freimaurer-Bruderschaft meinte, der beide angehörten] mir in dieser meiner Laage nicht helfen, so verliere ich meine Ehre und Credit, welches das einzige ist, was ich zu erhalten wünsche.« (27. Juni 1788)

»Gott! ich bin in einer Lage, die ich meinem ärgsten Feinde nicht wünsche; und wenn Sie bester Freund und Bruder mich verlassen, so bin ich unglücklicher und unschuldigerweise sammt meiner armen kranken Frau und Kind verlohren. [...] mein Schicksal ist leider, aber nur in Wien, mir so widrig, daß ich auch nichts verdienen kann, wenn ich auch will; ich habe 14 Tage eine Liste herumgeschickt, und da steht der einzige Name Swieten!« (12. Juli 1789)

Daraus hat eine erschütterte Mozart-Gemeinde, wie erwähnt, den falschen Schluß gezogen, daß Mozart verarmt sei, weil der Adel ihn »vergessen« habe. 1788/89 war der Adel allerdings mit dem Türkenkrieg beschäftigt, die Söhne wanderten ins Feld, die Gulden in die Kriegskasse und von dort auf die Konten von Menschen, die durch Kriege reich werden. Man hatte offensichtlich Besseres zu tun, als sich um Musik zu kümmern. Was das für Mozart bedeutete, spiegelt sich in seinen Briefen.

»Erschrecken Sie nicht über den Inhalt dieses Briefes; [...] künftigen Monat bekomme ich von der Direction [...] 200 Ducaten für meine Oper [COSÌ FAN TUTTE]; können und wollen Sie mir 400 fl. bis dahin geben, so ziehen Sie Ihren Freund aus der größten Verlegenheit [...] – Donnerstag aber lade ich Sie (aber nur Sie allein) um 10 Uhr Vormittag zu mir ein, zu einer kleinen Oper-Probe; – nur Sie und Haydn lade ich dazu.« (Dezember 1789)

»Ich bin ganz gerührt von Ihrer Freundschaft und Güte; können und wollen Sie die 100 fl. mir noch anvertrauen, so verbinden Sie mich recht sehr.« (20. Januar 1790)

»Sie haben recht, liebster freund, wenn Sie mich keiner antwort würdigen! – meine zudringlichkeit ist zu gros.« (8. April 1790)

»Was mich augenblicklich aber äußerst quälet, ist eine Schuld bei dem Galanterie=Händler am Stock im Eisen, welcher, obwohl er anfangs selbst die Unmöglichkeit einsah und sich zufrieden zeigte, nun aber ernstlich und ungestüm die Bezahlung fordert, es beträgt 100 fl.« (6.000 Mark für Galanteriewaren, das ist eine schöne Not! – Anfang Mai 1790)

»Sie werden ohne Zweifel von ihren Leuten vernommen haben, daß ich gestern bei ihnen war, und |: nach ihrer Erlaubniß :| uneingeladen bei ihnen speisen wollte – Sie wissen meine Umstände, kurz – ich bin, da ich keine wahren Freunde finde gezwungen, bey Wucherern Geld aufzunehmen; da es aber Zeit braucht um unter dieser unchristlichen Klasse Menschen doch noch die Christlichsten aufzusuchen und zu finden, so bin ich dermalen so entblößt, daß ich sie liebster Freund um Alles in der Welt bitten muß, mir mit ihrem entbehrlichsten beyzustehen. – Wenn ich wie ich hoffe in 8 oder 14 Tagen das Geld bekomme, so werde ihnen gleich das mir iezt gelehnte wieder zurückzahlen – mit dem was ich ihnen schon so lang ausständig bin, muß ich sie leider noch bitten Gedult zu haben.« (17. Mai 1790)

Puchberg unterstützte Mozart im Laufe von drei Jahren mit schätzungsweise 1.500 Gulden, vielleicht auch mit mehr, denn Puchbergs Korrespondenz ist ebenfalls nicht lückenlos erhalten. Rund 90.000 Mark für einen in Gelddingen so unsicheren Kantonisten wie Mozart, das hat Größe. Puchberg muß zudem Musikkenner gewesen sein, wenn Mozart ihn denn als einzigen außer Haydn dazu ausersah, vorab Proben aus seiner COSÌ FAN TUTTE zu hören, und ihn nebst Gattin zur Uraufführung des STREICHQUARTETTS B-Dur K. 589 in seine Wohnung lud. Auch hat Mozart dem Gläubiger und Freund ein vollendetes Kammermusikwerk gewidmet, das DIVERTIMENTO Es-Dur K. 563.

Was aber brachte ihn nun, trotz enormer Einnahmen, in solche Bedrängnis? Eine der bizarrsten, durchaus opernreifen Spekulationen gruppiert sich um eine Hochzeit im Juli 1788: Josepha, die dritte der vier Weber-Töchter, heiratete im Stephansdom den Violinisten Franz de Paula Hofer, und Konstanze hatte ihren Gatten dazu gebracht, der Schwester eine üppige Mitgift zu spendieren. Diese erst habe den bettelarmen Hofer dazu bewogen, die dem Vernehmen nach nicht sehr ansehnliche Josepha überhaupt zu ehelichen.* Ferner wird Konstanzes langwierige Krankheit, ein unbekanntes, aber offenbar nicht ungefährliches Leiden an ihrem Bein, horrende Kosten verursacht haben; schon zu Beginn der Beschwerden im Juli 1789 erbat Mozart von Puchberg 500 Gulden. Zu allem Unglück suchte er, gedankenlos wie so oft, auch Hilfe bei Wucherern, die sicher das Ihre taten, sein Geld verschwinden zu lassen. Er selbst verlieh übrigens hohe Beträge an Freunde, unbesorgt um deren Kreditwürdigkeit. Und spielte offenbar, Karten und besonders Billard, um viel Geld und mit Leuten, die ihm in diesen Dingen weit überlegen waren. Ob all das aber ausgereicht hat, Einkünfte von der Größenordnung aufzuzehren, wie sie Mozart über fast ein Jahrzehnt hin hatte, muß infolge fehlender Belege unbeantwortet bleiben. Er war, soviel steht fest, Weltmeister im Geldverdienen. Und Olympiasieger im Geldausgeben.

*So zumindest Leonhart, die allerdings mit Blick auf die Familie Weber stets das Übelste vermutet. Siehe Leonhart, Mozart, S. 277 f.

Für die nächste Oper, COSÌ FAN TUTTE K. 588, erhielt Mozart 200 Dukaten Honorar, das waren 900 Gulden, also rund 54.000 Mark – für einen angeblich armen Schlucker in der Tat viel Geld. COSÌ FAN TUTTE wurde erst nach knapp zweihundert Jahren Mißachtung als das anerkannt, was sie ist: an rätselhafter Schönheit und schöner Rätselhaftigkeit allen anderen Mozart-Opern überlegen.*

Die Geschichte ist banal und konstruiert: Ein alternder Lebemann und Hobbyphilosoph wettet mit zwei jungen Offizieren, daß die von

* »Diese Oper irisiert, wie eine herrliche Seifenblase, in den Farben der Buffonerie, der Parodistik, des echten und des geheuchelten Gefühls. Aber dazu kommt noch die Farbe der Schönheit.« Einstein, Mozart, S. 420f.

Due espressi, per favore!

Die Susanna jedenfalls war die Signora Storace, und die Gräfin war die Signora Laschi.

Und die Gräfin war die Susanna, und die Susanna war die Gräfin!

Und Don Giovanni war Leporello, und Leporello war Don Juan. Das wird in der neuen Opera die Hauptsache!!

Troppo complicato!

Ma molto delicato e simpatico. Stellen Sie sich vor: Die herrlichsten Arien - alle gelogen!

Capito! Der Bräutigam liebt die Liebste von seinem amico!

Certo, der primo uomo muß lügen, daß der Himmel bricht, damit die Liebste vom secondo uomo ihn wiederliebt – welche Liebesarien!

ihnen gepriesene Treue ihrer Bräute erschütterbar sei. Dies zu beweisen, läßt er die beiden, als Albaner verkleidet, ihre Damen verführen; was mit der Braut des jeweils anderen auch gelingt. Alle vier werden auf diese Weise zu Versuchskaninchen, und sämtliche Träume, die je auf die Liebe und ihre Wonnen gedichtet wurden, zerplatzen am Ende.

Così fan tutte geht als einzige der drei Opern, die Mozart mit Lorenzo da Ponte geschaffen hat, nicht von einer Vorlage aus, son-

Und die Signora denkt, er ist ein heißblütiger Albaner!

Dabei ist er nur ein magerer deutscher Tenor!

Wie alle Mozart-Tenöre!

Peccato!

Aber das Leben ist nicht so kompliziert wie das Teatro!

Nonono – Sie lieben Ihre Frau und denken an die anderen!

Ich liebe alle anderen und denk an meine Frau!

Zwei Paare brauche ich – dazu schreiben Sie mir einen vecchio filosofo!

dern ist eigene Erfindung, angeblich veranlaßt vom Kaiser, der von einer Klatschgeschichte über zwei frivole Offiziere und ihre vertauschten Bräute so begeistert gewesen sein soll, daß er seine beiden Lieblingsopernschreiber bat, daraus ein neues Werk zu machen.

Ein verklemmtes Bürgertum verstand die Ironie des Stückes nicht und empfand es als unsittlich. Allen voran beschimpfte Beethoven da Pontes Text – nicht ohne Fiordiligis großes Rondo »Per pietá, ben mio« inklusive Dreiklangmotiv der Hörner genüßlich in Leonores Arie

Molti soldi, molto tempo, molto razionalismo!

Logo!

Una Grappa extra grande, subito!

Due!

Due Ufficiali wetten auf die Treue ihrer Frauen …

Eine Wette, die man nur verlieren kann!

Certo, denn gewinnen sie die Wette – verlieren sie als Männer!

»Komm, Hoffnung« im ›Fidelio‹ zu verwerten. Daß er indes ein Reflex der Autoren auf das Gefühlsweltbild eines immer noch im »Werther-Erlebnis« stagnierenden Standespublikums war,* hat die Mit- und Nachwelt nur selten erkannt.

*Goethes ›Die Leiden des jungen Werthers‹ war 1774 erschienen.

In Così fan tutte inszenieren Alfonso und Despina ein Spiel im Spiel. Darin werden Bühne und Leben miteinander verglichen, wohlgemerkt im Theater und ebendarum von Figuren, die für Inszenierungen bezahlt werden. So verschwimmen Gut und Böse, mein und

Die Musik zu dieser Opera bringt Ihnen 200 Dukaten!

Gewonnen!

Zu viel Geld für zu schlechtes Teatro – alles zu unwahrscheinlich!

Was ist wahrscheinlich? Gutes Teatro ist, wenn gute Sänger …

Albaner mit Bärten, Despina als Chirurg und Notar con Magnetismo e Contratto …

… schlechtes Teatro realistico spielen!

Schlechtes Teatro zu schreiben macht Spaß!

Weil schlechtes Teatro Leben ist!

dein, Schein und Sein am Ende im tränenerfüllten Blick auf das Leben, wie es ist. Nichts, so der späte Mozart, ist eindeutig, auch nicht das Heiligste. Selbst von Mozart hochgeschätzte Werte wie Liebe, Vernunft, Gerechtigkeit – er hat sie nie preisgegeben! – tragen ihr Gegenteil immer schon in sich.* Eine bittere Pille. Mozart und da Ponte verschreiben sie lachend, mit einer von tiefen Holzbläsern und seraphisch schönen Ensembles getragenen Musik – als elysisch süßes, kreatürlich reales Sinnkonfekt.

* Siehe Anhang.

Die Leute von Stand – alles schlechtes Teatro!

Und wir spielen mit!

Hohler Kopf und volle Taschen!

Der gute Mensch – ein schlechter Traum!

Das gute Teatro – ein schlechter Traum vom guten Leben als schlechtes Teatro!

Sie kennen Kafka, Lorenzo!

Der Kassier von der Prager Oper? Der immer träumt, er wache auf und sei ein Scarabeo?

Abbate, das wird unsere nächste Oper!!!

COSÌ FAN TUTTE hatte am 26. Januar 1790 Premiere und wurde insgesamt neunmal aufgeführt. Vermutlich war die Resonanz wieder zwiespältig, das Sujet zu anstößig, die Musik zu avantgardistisch. Hinzu kam, daß der Stern des kaiserlichen Auftraggebers seit langem im Sinken begriffen war. Ein Jahr zuvor war er krank und gebrochen aus dem Feldlager zurückgekehrt. Der Türkenkrieg war, wie alle Kriege, ein sinnloses, grausames und kostspieliges Unternehmen. Die kaiserliche Außen- und Innenpolitik war gescheitert, der Kaiser selbst am Ende

allein. Am 20. Februar 1790 starb Joseph II. Bei seiner Beerdigung ging es nicht allein aufgrund der Witterung frostig zu. Und Mozart trug mehr zu Grabe als nur einen verehrten Herrscher.

Den Nachfolger kannte er von seinen Italienreisen her. Leopold II. war Herzog der Toskana gewesen, bis er im März 1790 die Regierungsgeschäfte in Wien übernahm. Mozart, der sich in jeder Hinsicht und bis zuletzt als »Josephiner« exponiert hatte, sah einer gewissen Isolation entgegen. Seit den Tagen der FIGARO-Provokation war er einem Teil des Adels offenbar nicht mehr genehm; es fällt auf, daß einige Freunde der frühen Wiener Jahre, so die Gräfin von Waldstätten oder die Gräfin Thun, in seinem Leben nicht mehr vorkommen. Der neue Kaiser – mit mehr Um- und Übersicht agierend als sein Vorgänger und keineswegs reformfeindlich – hatte andere Sorgen als die Musik; er mußte vor allem die politische Lage des Landes stabilisieren. Ohnehin war er unmusikalisch. Nur seine Frau verstand etwas von Musik, aber ihre Vorliebe galt den italienischen Komponisten.

Die drückenden Schulden, Konstanzes nicht enden wollendes Beinleiden, der Krieg und seine Auswirkungen, der Thronwechsel – all das machte Mozarts Lage noch mißlicher. Eine Reise nach Leipzig, Dresden und Berlin, ein Jahr zuvor unternommen, hatte keine Entlastung gebracht. Wohl hatte man ihn in Sanssouci huldvoll empfangen, ihm sogar einen lukrativen Kompositionsauftrag für sechs Quartette und sechs Klaviersonaten erteilt,* doch die erhoffte Kapellmeisterstelle oder einen neuen Opernauftrag bekam er nicht – und welche Einnahmen ihm die Konzerte und das Musizieren mit den königlich-preußischen Laien brachten, wissen wir nicht, denn erneut sind die Dokumente lückenhaft. Die Krönung Leopolds II. zum deutschen Kaiser am 9. Oktober 1790 in Frankfurt am Main war also eine willkommene Gelegenheit, sich wieder stärker ins Gespräch zu bringen. Und wie immer, wenn Mozart unterwegs war, entstanden Briefe:

* Von den Streichquartetten, den sogenannten Preussischen Quartetten, wurden nur K. 575, 589 und 590 fertig, von den Klaviersonaten nur K. 576.

»Die Reise war sehr angenehm«, schreibt er am 28. September 1790 aus Frankfurt an seine Frau in einer für die letzten Jahre typischen Mischung aus Genußbericht, Sorgenreflexion und guten Vorsätzen. »In Regensburg speisten wir prächtig zu Mittag, hatten eine göttliche Tafel-Musick, eine Englische [d. h. engelsgleiche, himmlische] Bewirthung und einen herrlichen Mosler-Wein. – Zu Nürnberg haben wir gefrühstückt – eine häßliche Stadt – Zu Würzburg haben wir unsern theuern Magen mit Kaffee gestärkt, eine schöne prächtige Stadt. [...] – nun bin ich fest entschlossen meine Sachen hier so gut als möglich zu machen, und freue mich dann herzlich wieder zu dir. – welch herrliches Leben wollen wir führen – ich will arbeiten – so arbeiten – um

damit ich durch unvermuthete Zufälle nicht wieder in so eine fatale Lage komme.«

»Ich habe dir in meinem lezten geschrieben [...] – mir wäre, sicherheits halber, recht lieb, wenn ich auf des H.... seinen giro 2.000 fl. bekommen könnte; – du musst aber eine andere Ursache vorwenden, nämlich daß ich eine Speculation im Kopf hätte, die dir unbewusst wäre; – Meine liebe! ich werde zweifelsohne gewis etwas hier machen [›etwas‹, das ist in den Mozart-Briefen immer Geld] – so gewis aber wie du und verschiedene freunde es sich vorstellen wird es sicherlich nicht seyn. [...] Wenn die leute in mein herz sehen könnten, so müsste ich mich fast schämen. – es ist alles kalt für mich – eiskalt – Ja, wenn du bey mir wärest, da würde ich vieleicht an dem artigen betragen der leute gegen mich mehr vergnügen finden, – so ist es aber so leer – adieu – liebe – ich bin Ewig dein dich von ganzer Seele liebender Mozart.« (30. September 1790)

Mozart, der umjubelte Wiener Star der frühen achtziger Jahre, der nicht genug Trubel und Geselligkeit um sich haben konnte, lebt nun zuruckgezogen »in einem Loch von einer Stube« inmitten der Vorbereitungen zu dem prachtvollen Krönungsereignis, bei dem 60.000 bis 80.000 Besucher erwartet wurden.* Sein Stand bei Hof hat sich mit dem neuen Herrscher verändert: Zwar läßt man ihm die Stelle als Hofkomponist, aber er gehört nicht zum offiziellen Gefolge des Kaisers, also auch nicht zum Kreis der fünfzehn Kammermusiker unter der Leitung Antonio Salieris und Ignaz Umlaufs, die das festliche Geschehen musikalisch dekorieren. Und keine seiner Kompositionen ist offizieller Teil der acht Tage andauernden Feierlichkeiten. Als dann doch ein Konzert ansteht, stöhnt er, daß es ihm »ungelegen [...] ist, mich überall so begucken zu lassen«. (3. Oktober 1790) Die Veranstaltung – er spielt unter anderem das KLAVIERKONZERT K. 537, »Krönungskonzert« genannt, obgleich er es schon 1789 auf der Reise nach Berlin dabeihatte – fällt dann »von Seiten der Ehre herrlich, aber in Betreff des Geldes mager aus«. (15. Oktober 1790) Und eine geplante Aufführung des DON GIOVANNI – Mozart zu Ehren – durch die Churmainzische Schauspielergesellschaft kommt aus unbekannten Gründen gar nicht erst zustande.

* Siehe Braunbehrens, Mozart in Wien, S. 376 ff.

Nach Mainz aber macht Mozart im Oktober einen fünftägigen Abstecher, genießt die Verehrung, die man ihm hier entgegenbringt, und konzertiert vor dem Kurfürsten Friedrich Karl Joseph von Erthal (1719–1802). »Magere 15 Carolin« habe man ihm dafür gezahlt, schreibt er am 23. Oktober 1790 nach Wien, immerhin 165 Gulden, also 10.000 Mark; wenig Geld nur für einen, der kurz zuvor noch bemüht war, zur Tilgung seiner Schulden einen Kredit über 2.000 Gulden zu bekommen. Am 1. Oktober 1790 sah sich Mozart offenbar sogar gezwungen, sein »gesammtes Mobiliare« als Sicherheit für eine von dem »privilegirten Handelsmann« Heinrich Lackenbacher gewährte »Schuld Verschreibung« über 1.000 Gulden zu verpfänden, verzinslich »zu 5 % p. a.«[*]

Georg Knepler macht darauf aufmerksam, daß Mainz zu Beginn der 1790er Jahre mehr als andere deutsche Städte erfüllt war von den Ideen der Französischen Revolution.[**] Kurz darauf haben denn auch revolutionäre Gedanken und französische Truppen zur Gründung der »Mainzer Republik« geführt. Ausgeschlossen, daß die Präliminarien solch aufwühlender öffentlicher Vorgänge am Autor des FIGARO und

* Zit. nach Eibl, Mozart, S. 106.

** Laut Knepler spielte man in Mainz 1784 DIE ENTFÜHRUNG, 1789 LA FINTA GIARDINIERA, DON GIOVANNI und FIGARO, 1791 COSÌ FAN TUTTE – alle in deutscher Sprache! Siehe Knepler, Mozart, S. 387 ff.

des DON GIOVANNI spurlos vorübergegangen sein sollen. Daß es keine brieflichen Äußerungen Mozarts darüber und über die Französische Revolution gibt,* ist nicht nur auf die erwähnte unselige Rolle der Gattin und ihres zweiten Ehemannes als »Nachlaßverwalter« zurückzuführen, sondern auch auf Mozarts Sorge hinsichtlich staatlichen Spitzelwesens und Zensur. Knepler weist zu Recht darauf hin, daß sich auch über ein für Mozart so zentrales Thema wie die Freimaurerei in seinen Briefen keine Zeile findet.

* Kneplers sehr eigene Erklärung dieses Problems im Anhang.

Am 14. Dezember 1790 ist Mozart Gast beim Abschiedsessen für Joseph Haydn, der am Tag darauf nach England abreisen wird. Eingeladen hat Johann Peter Salomon (1745–1815), Geiger und Komponist aus Bonn, der in London als Konzertveranstalter Karriere gemacht und Haydn für die kommende Saison verpflichtet hat. Mozart, so wird vereinbart, soll ihm in der nächsten Saison folgen. Der, berichtet Haydn-Biograph A. C. Dies, »gab sich vorzügliche Mühe und sagte ›Papa!‹ (so nannte Mozart Haydn gewöhnlich) – ›Sie haben keine Erziehung für die große Welt gehabt und reden zu wenige Sprachen.‹ ›Oh!‹, erwiderte Haydn, ›meine Sprache verstehet man durch die ganze Welt.‹«**

** Zit. nach H. C. Robbins Landon, Haydn. Chronicle and Works: Haydn at Esterhaza 1766–1790, Bd. 2, London 1978, S. 751 f.

Am Abreisetag wich Mozart nicht von Haydns Seite und sprach in der Stunde des Abschieds prophetische Worte: »Wir werden uns wohl das letzte Lebewohl in diesem Leben sagen.« Dem Vernehmen nach rollten beiden Männern dicke Tränen über die Wangen, Haydn, weil er meinte, der vierundzwanzig Jahre jüngere Mozart gehe davon aus, er, der Ältere, werde bald sterben; Mozart, weil er einen doppelten Abschied ahnte.

Auskunft über Mozarts letzte Lebensphase geben die Briefe von den Reisen nach Berlin und Frankfurt, an den Logenbruder Puchberg und natürlich die an seine immer häufiger zur Kur in Baden bei Wien weilende Gattin. In diesen Briefen geht es nicht nur um die finanzielle Notlage Mozarts, sondern auch um seine Einsamkeit und seine Eifersucht (für letztere gab er seiner Frau selbst genug Anlaß.) Doch in echt Mozartscher Mischung sind Lebensfreude und Genußsucht ebenfalls zu spüren:

»Selbst N. N. der sonst ein artiger Mensch ist und besonders für Frauenzimmer hochachtungsvoll ist, selbst er muß dadurch verleitet worden seyn, in seinem Briefe die abscheulichsten und gröbsten Sottisen zu schreiben – ein Frauenzimmer muß sich immer in Respekt erhalten – sonst kömmt sie in das Gerede der Leute – meine Liebe!« (Mitte August 1789)

»Warum habe ich gestern Abends keinen Brief bekommen? damit ich länger des Baades wegen in Ängsten leben muß?« (12. Juni 1791)

»Zu Nacht esse ich (um nur nicht alleine zu seyn) wieder bey der Krone, – da hatte ich doch wenigstens Gelegenheit zu reden.« (12. Juni 1791)

»Sonntag um 7 uhr früh. – Ich habe recht gut geschlafen, hoffe daß du auch recht gut wirst geschlafen haben. – ich habe mir mein halbes kapaunel [Mozart frühstückte gern deftig], so mir freund Primus [Mozarts Diener] nachgebracht hat, herrlich schmecken lassen.« (8. und 9. Oktober 1791)

1791
Lass es Dir alle
gut schmecken,
mein Engel AD!
K 521
Kv 541!
KV 533
Kv 494
KV 475
Cafe Schmidt
01.2001

»Wo ich geschlafen habe? – zu hause versteht sich – ich habe recht gut geschlafen, nur haben mir die Mäuse rechtschafen Gesellschaft geleistet – ich habe ordentlich mit ihnen discurirt.« (25. Juni 1791)

»Ich bitte Dich sage dem Süßmayr [der Konstanze anstandshalber nach Baden begleitet hatte] dem Dalketen buben, er soll mir vom ersten Ackt, von der Introdution an bis zum Finale, meine Spart schikken, damit ich instrumentiren kann [Mozart arbeitete an der ZAUBERFLÖTE].« (2. Juli 1791)

»Gieb dem N. N. [Süßmayr?] eine Ohrfeige, und sag du hättest eine fliege tod schlagen müssen, die ich gesehen hätte! – adieu. fang auf – fang auf – bi – bi – bi 3 busserln, zuckersüsse fliegen daher!« (6. Juli 1791)

»Nun meinen lebenslauf; – gleich nach Deiner Abseeglung [Konstanzes Abreise nach Baden] Spielte ich mit Hr: von Mozart |: der die Oper beim Schickaneder geschrieben hat :| 2 Parthien Billard. – dann verkauffte ich um 14 duckaten meinen kleper [die anhaltenden Geldschwierigkeiten veranlaßten Mozart offenbar, das Reiten aufzugeben, nicht aber den Luxus überhaupt] – dann liess ich mir durch Joseph den Primus rufen und schwarzen koffé hollen, wobey ich eine herrliche Pfeiffe toback schmauchte; dann Instrumentirte ich fast das ganze Rondó vom Stadler* [den dritten Satz vom KLARINETTENKONZERT K. 622, das er für den Freund Anton Stadler komponierte]. Das sonderbarste dabei ist, das den abend als meine neue Oper [DIE ZAUBERFLÖTE war gerade fertiggestellt] mit so vielen beifall zum erstenmale aufgeführt wurde, am nemlichen abend in Prag der Tito zum letztenmale auch mit ausserordentlichen beifall aufgeführet worden.« (7. und 8. Oktober 1791)

* Siehe Anhang.

Mozart verlor selbst unter den widrigsten Umständen nicht seinen Humor. So findet sich neben den während des letzten Jahres komponierten, eher verzweifelt-wehmütigen Stücken wie beispielsweise dem STREICHQUINTETT K. 593° auch ausgelassene Musik, wie etwa das STREICHQUINTETT K. 614°, die dritten Sätze des KLARINETTENKONZERTS und des KLARINETTENQUINTETTS K. 581 oder große Passagen der ZAUBERFLÖTE. Im persönlichen Gespräch war er ebenfalls nach wie vor zu Späßen aufgelegt: »Der Thomaskantor Doles, Johann Sebastian Bachs zweiter Amtsnachfolger in Leipzig«, heißt es in einer nicht weiter belegten, aber doch sehr schönen Geschichte über Mozarts Berlin-Reise, »war einmal mit Mozart, den er tief verehrte, in einen heftigen Disput geraten wegen eines komponierenden Zeitgenossen, den Doles über die Maßen lobte, Mozart hingegen für eine Null hielt. Schließlich gab ihm der Kantor eine Messe dieses Mannes als Bestätigung seiner hohen Meinung. Wenige Tage darauf brachte Mozart sie zurück und bemerkte, mit anderem Text müsse sie weit besser klingen; er verteilte die Stimmen unter den Anwesenden, selbst spielte er den Orchesterpart. Und was geschah? Anstelle des ›Kyrie Eleison‹ hatte Mozart die Worte gesetzt: ›Hol's der Geier, das geht flink!‹, und das ›Cum sancto spiritu in gloria Dei patris‹ lautete jetzt: ›Das ist gestohlen Gut, ihr Herren, nehmt's nicht übel!‹«*

*Albert Leitzmann, Wolfgang Amadeus Mozart. Berichte der Zeitgenossen und Briefe, Leipzig 1926. Zit. nach Georgi Tschitscherin, Mozart. Eine Studie, Leipzig 1975, S. 191.

Und dem himmlisch schönen AVE VERUM CORPUS K. 618°, das er für die Kirchenmusik des Badener Chorregenten, Schullehrers und Mozart-Bewunderers Anton Stoll (1747–1805) komponierte, legte er ein Gedicht bei, dessen Reime allesamt auf das im Stück überwiegende d-moll zulaufen:

»liebster Stoll!
bester knoll!
größter schroll!
bist sternvoll!
gelt das Moll!
Thut dir Wohl?«

8

Wege in die Nacht

Gegen Emanuel Schikaneder, den Librettisten der ZAUBERFLÖTE, nimmt sich Lorenzo da Ponte wie ein Theaterbeamter aus. Schikaneder war nicht nur Textdichter und Regisseur, Schauspieler, Sänger und Theaterdirektor, er galt auch als Frauenheld – ein Mann ganz nach dem Geschmack der Wiener.* Kind armer Leute, zog er schon früh mit seiner Geige und einer angenehmen Baritonstimme über die Dörfer; 1788 wurde er Mitglied einer Wanderbühne, schrieb sein erstes Singspiel, hatte Erfolg und heiratete die Tochter des Prinzipals, die damals berühmte Eleonora Arth, mit der er Triumphe auf und hinter der Bühne feierte. Er ließ auch sonst nichts aus, stellte etwa in seiner Inszenierung von Möllers ›Graf von Walltron‹ zwanzig Zelte nebst einer fürstlichen Kutsche und den dazugehörigen Berittenen auf die Bühne. Auf

* Siehe Abert, Mozart, Bd. 2, S. 581 f.

eigene Faust und unter dem Jubel des Publikums ließ er in Törrings ›Agnes Bernauerin‹ am Ende nicht die Agnes, sondern ihren bösen Widersacher ertränken. Er sang in Opern von Gluck, Haydn und Mozart* und spielte tragende Rollen in Dramen von Shakespeare und Voltaire, Molière, Lessing und Goethe. Nachdem er seine Gattin verlassen und diese einen neuen Gefährten gefunden hatte, blieben die beiden, wie es scheint, in guter Verbindung, denn am 1. April 1789 übernahm Schikaneder vom gerade verstorbenen Liebhaber seiner Exfrau die Direktion des »Freihaus-Theaters auf der Wieden«. Wie immer bei ihm läuft am Anfang alles glänzend, doch schon nach zwei Jahren geht ihm die Luft aus. Er braucht nun ein gewaltiges Singspiel, eines, das das Theater zur Weihehalle und Jahrmarktbude zugleich werden läßt, Zwerchfell und Tränendrüsen gleichermaßen strapaziert. Die Musik dazu, das war dem Theaterprofi Schikaneder klar, konnte nur einer schreiben – der Leser ahnt, wer.

* Mozart arbeitete gern mit Sänger-Schauspielern; ihm war die »Aktion«, die darstellerische Glaubwürdigkeit seiner Opernfiguren, offenbar wichtiger als perfekte Stimmen.

Mozart kam auch, sah und erkannte sofort die Chance, mit dem Projekt nicht nur viel Geld zu verdienen, sondern auch noch die Philosophie seines Lebens zu komponieren. Die Musik der ZAUBERFLÖTE

hält das Stück über manche Brüche und Ungereimtheiten der Handlung hinweg zusammen und bringt sogar die Stärken eines Librettos zur Geltung, das, literarisch nicht sonderlich ambitioniert, gnadenlos auf Wirkung setzt. Sie ist vielschichtig und reicht vom schlichten Volkslied über Arie und Ensemble bis zum Choral. Wie nach ihm Haydn in seinen beiden Oratorien und Beethoven in der 9. Sinfonie und in den ›Diabelli-Variationen‹ zog Mozart – ob mit oder ohne Vorahnung des baldigen Todes – in der ZAUBERFLÖTE die musikalische Summe seines Lebens. Gleich in der Ouvertüre erweist er sich als der große Sinfoniker, der er – Höhepunkt sind die drei letzten SINFONIEN K. 543°, 550°, 551° – inzwischen geworden war. In der Partitur spiegeln sich seine italienischen und französischen Eindrücke, und auch das von ihm neu begründete deutsche Singspiel hat seinen Platz.
Mozart reicht in der ZAUBERFLÖTE sogar über seine Zeit hinaus: Im ersten Finale entfaltet er ein trotz seiner erstaunlichen Länge bis zum Ende spannendes Duett als Orchesterrezitativ, das in seiner Zusammenführung von bis dahin getrennten Opernelementen auf Wagners »unendliche Melodie« vorausweist. Die nicht zuletzt dank Haydn erworbene Fähigkeit zu motivischer Arbeit stellt er in den Dienst musikdramatischer Absichten. Schließlich profitierte er von der Musik Sebastian Bachs, dessen Riesenwerk er allerdings nur ausschnittweise kannte.* So hat er aus dem ›Wohltemperierten Klavier‹ und der ›Kunst der Fuge‹ einige drei- und vierstimmige Fugen für Streicher eingerichtet (K. 404 a und K. 405), hat sich Bachs Musik auf seine Weise anverwandelt – in Stücken wie der kleinen GIGUE K. 574°, der FUGE FÜR ZWEI KLAVIERE c-moll K. 426 (als Bearbeitung für Streichquartett oder Orchester K. 546°) oder in den Fugati im Finale der JUPITERSINFONIE und in der Ouvertüre der ZAUBERFLÖTE. In der ZAUBERFLÖTE ist die Auseinandersetzung mit Bach besonders in der Szene der Geharnischten zu hören, in der ein Choral rätselhaft frei über einem vierstimmigen Streichersatz schwebt. Mozarts Musik streift hier, sich zugleich aufhebend und konstituierend, etwas nicht mehr Beschreibbares, das sich, kaum ist es da, mit den Worten »Welch' Glück, wenn wir uns wiedersehen« auch schon verwandelt in himmlisch-schwankhafte Daseinslust.
Das Wiener Publikum wußte es, nach kurzem Zögern, zu schätzen. Im Freihaus-Theater war nun wirklich »das Volk« zugegen und Mozart

* Die ›Passionen‹, die ›h-moll-Messe‹ und auch Bachs gesamte Instrumentalmusik waren Mozart unbekannt.

WIR HABEN DIE 3 DAMEN VERGESSEN!
SEI STANDHAFT DULDSAM UND VERSCHWIEGEN!
9B
9A
4AD
Bono
Nick Cave
Chuck Berry
Elvis Costello
MEIN GOTT, WELCH EIN AUFWAND!
8
KREUZ IST TRUMPF!
DER DRACHEN KOSTET 300 GULDEN AB WERKSTATT – MIT FEUER ZEHN PROZENT AUFSCHLAG!
DAS IS PURER WUCHER
BEI MÄNNERN, WELCHE LIEBE FÜHLEN, FEHLT AUCH EIN GUTES HERZE NICHT... ♪
HALLE 4
7B
3A
13
FÜR DIE GEHARNISCHTEN SIND KEINERLEI RÜSTUNGEN DA!
HERR MONOSTATOS AUF DIE BÜHNE!
8
WIELAND OBERON
1
DER MOZART WILL'S HALT SO!
NEHMEN WIR HALT WELCHE AUS 'MACBETH'!
12
DAS GLOCKENSPIEL SOLL DREIMAL VERSCHIEDEN GEMACHT WERDEN?!
WO IST DAS VERDAMMTE BILDNIS?
7A

HUMANITÄTS-CHAUVIS!
FREIMAURER-MACHOS!
10
ABER MONSIEUR MARINELLI!
DIABOLO-MISERABLE PORCHERIA!
ES GEHÖRT MEHR BILDUNG DAZU, DEN WERT DIESES OPERNBUCHES ZU ERKENNEN, ALS IHN ABZULEHNEN!
3B
EINSAME SAHNE!
2
SCHAU HER, DER HERR GEHEIMRAT AUS WEIMAR
MEIN ENGEL!
6B
DA IST EINE GEWISSE USCHI FÜR HERRN MOZART MIT GUTEN NACHRICHTEN AUS HAMBURG!
3C
-PA..
HERR MOZART KOMMT NACH DER PROBE AUF EINE MELANGE IN DIE SINGERSTRASSE!
6A
HERR GERL BITTE GLEICH NACH HALLE 4
5A
11

mithin ein Meister in jener kurzen Phase der Musikgeschichte, in der Kunst und Unterhaltung, Klassik und Schlager eins waren.

Das Libretto der ZAUBERFLÖTE (1) speist sich aus mehreren Quellen. Die beiden wichtigsten: Christoph Martin Wielands ›Oberon‹ und seine Märchensammlung ›Dschinnistan‹. In der Zeit, als die ZAUBERFLÖTE entstand, mußte sich Schikaneder gegen eine starke Konkurrenz behaupten, wie etwa das Leopoldstädter Theater unter seinem Direktor Karl von Marinelli (2). Es war wie heute: Anders als die staatlich subventionierten Hoftheater brauchte Schikaneders Privattheater um jeden Preis Erfolg, wenn es sich über Wasser halten wollte. Ein beliebtes Mittel, Publikum anzulocken, waren die »Theatermaschinen«, die so teuer waren, daß viele Libretti eigens für sie geschrieben wurden. Auch in der ZAUBERFLÖTE hatten sie ihren Auftritt: der mechanische Drache (3A), die Feuermaschine (3B) und die Wassermaschine (3C).

Handlung und Musikstil der Oper sind gebrochen,* wie man etwa an der merkwürdigen Wandlung der Königin der Nacht (4) sieht** – von der betrogenen Mutter zur nächtlichen Rachegöttin –, deren Opera-seria-Koloraturen darüber hinaus mit den singspielhaft deftigen Dialogen und Liedern Papagenos stark kontrastieren. Einer der Gründe für die Ungereimtheiten der Handlung: Während Mozart und Schikaneder an der ZAUBERFLÖTE arbeiteten, führte Konkurrent Marinelli ›Kaspar der Fagottist‹ auf. Die Handlung dieser Oper erwies sich als dem Geschehen in der ZAUBERFLÖTE so ähnlich, daß die ZAUBERFLÖTEN-Autoren, wollten sie dem Verdacht geistigen Diebstahls entgehen, ihre Geschichte ändern mußten.

* »Das Ganze ist ein einziger fortgesetzter Stilbruch.« Kunze, Mozarts Opern, S. 555.

** Arie Nr. 4 »Zum Leiden bin ich auserkoren« und Nr. 14 »Der Hölle Rache kocht in meinem Herzen«.

Gegenfigur zur Königin der Nacht ist Sarastro (5), der für Licht und Aufklärung steht. Er singt Manifeste des Gutmenschentums (»In diesen heil'gen Hallen«), die stark utopische Züge tragen, bleibt als Figur aber abstrakt und seinerseits merkwürdig gebrochen: Für jemand, der das Gute und Gerechte so preist, behandelt er Untergebene, besonders solche anderer Hautfarbe, überraschend schlecht. Er ist ein Sklavenhalter. Von Frauen hält er wenig. Er findet nichts dabei, einer Mutter die Tochter zu rauben. Der Gedanke liegt nahe, daß Ignaz von Born, Wiens führender Freimaurer, und sein nach dem Freimaurerpatent opportunistisches Verhalten hier als Modell gedient haben.

Ein Mensch aus Fleisch und Blut ist dagegen Papageno (6A); in seiner nur scheinbaren Gedankenlosigkeit und Naivität wirkt er wie ein Geistesverwandter Mozarts, auch wenn dieser selbst ihn nicht so positiv sehen mochte. Das sogenannte Höhere interessiert den Vogelfänger nicht die Bohne. Er möchte das Leben genießen und liebt Wein, Weib und Gesang (»Ein Mädchen oder Weibchen / wünscht Papageno sich!«); alles Aggressive ist ihm zuwider. Spürt man bei Sarastro die geistige Nachbarschaft des Freimaurertums, so bei Papageno die Rousseaus. Die Rolle war Schikaneder, wie bei der Uraufführung jedermann erleben konnte, auf den Leib geschrieben. Papagenos weibliches Pendant, Papagena (6B), kommt zwar aus der Weihesphäre des Tempels, ist aber dennoch wie geschaffen für den Naturmenschen Papageno, was schon an ihrem Namen deutlich wird, den nur der letzte Buchstabe von dem ihres Liebsten unterscheidet. Beider Duett am Ende dieser überwiegend in elaborierten Sphären spielenden Oper ist ein ganz und gar irdisches Herzensfest.
Das Gegenstück zum volksnahen Buffo-Paar bilden in der ZAUBERFLÖTE zwei Aristokraten: Prinz Tamino (7A), auserkorener Nachfolger Sarastros, und Prinzessin Pamina (7B), Tochter der Königin der Nacht. Während Tamino schönen Bildnissen huldigt, statt sich dem Fleischlichen hinzugeben, singt Pamina ihr einziges Liebesduett mit Papageno (»Bei Männern, welche Liebe fühlen«); Pamino bleibt zwei wunderschöne Opernstunden lang blaß, sie dagegen beschenkt uns in depressiver Unschuld mit Todesgedanken in herrlichstem g-moll (»Ach, ich fühl's, es ist verschwunden«) und sorgt auch sonst für eine Herzenswärme, für die in den oberen Schichten der Gesellschaft, wenn überhaupt, immer nur die Frauen zuständig sind. Die Königin der Nacht steht in der ZAUBERFLÖTE sozusagen für das abstrakte Böse. Konkreter erfahrbar wird es bei Monostatos (8), Chef der ziemlich obskuren Leibgarde Sarastros. Frivol und zugleich schüchtern möchte er sich (»Alles fühlt der Liebe Freuden«) an Pamina vergreifen, aber ein zauberhaftes Glockenspiel rettet die Jungfrau vor dem Schlimmsten.
Die drei Knaben (9B) treten immer auf, wenn irgendwo irgendwer den Tod sucht. Sie sind die Lebensretter und Wegweiser dieser Oper, wofür wir ihnen herzlich danken. Aber es fällt nicht leicht, die drei einer Partei in der ZAUBERFLÖTE zuzuordnen. Die drei Damen (9A)

dagegen gehören eindeutig zur Königin-Truppe. Ihr Appetit auf Männer ist beträchtlich, Liebe im Dienst aber strikt untersagt – ein fast tragischer Umstand, denn als Drachentöter und antisarastrische Guerilla arbeiten sie rund um die Uhr.
Den Theatervorhang (10) haben wir, weil er so schön und berühmt ist, ins Freihaus-Theater auf der Wieden gehängt, obwohl das Original von Friedrich Schinkel stammt und für eine Berliner ZAUBERFLÖTEN-Aufführung Ende der 1790er Jahre entworfen wurde. Damals nahm sich der Klassizismus Mozarts an und IDOMENEO, LA CLEMENZA DI TITO und DIE ZAUBERFLÖTE wurden gefeiert. Johann Wolfgang von Goethe (11) wohnte der Uraufführung nicht bei, war aber dennoch so begeistert von der ZAUBERFLÖTE, daß er eine Fortsetzung schrieb, die allerdings Fragment blieb. Die Art und Weise, in der Goethe Schikaneders umstrittenes Textbuch verteidigt hat (siehe die Denkblase über seinem Kopf), ist zwar raffiniert, aber auch gemein.
Mozart (13) verbindet in dieser Oper Leichtes und Schweres, Tiefes und Hohes auf eine Weise, die zeigt (12), wie fragwürdig solche Kategorien angesichts einer ganz anders gelagerten moralisch-ästhetischen Wirklichkeit sind. Er wußte, daß er mit seiner Kunst verschiedenste Bedürfnisse zufriedenzustellen vermochte; in einem berühmten Brief an seinen Vater formuliert er das, freilich noch bezogen auf den IDOMENEO, so: »Wegen dem sogenannten Popolare sorgen sie nichts, denn, in meine Oper ist Musick für aller Gattung leute; – ausgenommen für lange ohren nicht.« (16. Dezember 1780)

Am 30. September 1791 hatte die ZAUBERFLÖTE Premiere. Mozart leitete die Aufführung vom Hammerflügel aus; Süßmayr blätterte ihm die Noten um, Schwägerin Josepha Hofer sang die Königin der Nacht. Die Aufnahme beim Publikum kann nicht schlecht gewesen sein, denn schon eine Woche später schrieb Mozart an Konstanze, die erneut in Baden kurte: »Eben komme ich von der Oper; – Sie war eben so voll wie allzeit. – das Duetto Mann und Weib etc: und das Glöckchen Spiel im ersten Ackt wurde wie gewöhnlich wiederhollet – auch im 2:t Ackt das knaben Terzett – was mich aber am meisten freuet, ist, der Stille beifall!« (7. Oktober 1791)
Konstanze blieb bis Mitte Oktober in Baden, und Mozart schrieb ihr viele Briefe, in denen er fast ausschließlich von »der Oper«, seiner

ZAUBERFLÖTE, berichtet – er mag den späteren Welterfolg geahnt haben. Voll Schöpferstolz führte er jeden Abend jemand anderen ins »Freihaus-Theater auf der Wieden«: die Schwiegermutter, seinen siebenjährigen Sohn Carl, den Hornisten Joseph Leutgeb, der – das Hornistendasein ist unsicher – in eine Kaufmannsfamilie eingeheiratet hatte und darum in vielen Mozart-Biographien als »Hornist und Käsehändler« firmiert, schließlich auch Antonio Salieri, der ihm also nicht gar so schlecht gesinnt gewesen sein dürfte: »Du kannst nicht glauben, wie artig beide waren« – der Hofopernchef befand sich in Begleitung der Star-Primadonna Catarina Cavalieri, der ersten Konstanze der ENTFÜHRUNG und der ersten Elvira des DON GIOVANNI –, »wie sehr ihnen nicht nur meine Musick, sondern das Buch und alles zusammen gefiel.« (14. Oktober 1791) Allen in der Nachwelt kursierenden Geschichten von trüber Stimmung und wachsender Todesahnung – Mozart sollte nur noch drei Monate leben – steht Mozarts Beschreibung gegenüber, wie er sich eines Abends, kurz vor der Nummer »Ein Mädchen oder Weibchen«, im Orchester das Glockenspiel griff und ein Arpeggio anschlug, zum Entsetzen von Schikaneder, der das Instrument auf der Bühne nur zum Schein spielte und gerade pausierte: »der erschrack – schauete in die Scene und sah mich – als es das 2:te mal kamm – machte ich es nicht – nun hielte er und wollte gar nicht mehr weiter – ich errieth seinen Gedanken und machte wieder einen Accord – dann schlug er auf das Glöckchenspiel und sagte *halts Maul.*« (8. Oktober 1791)

Im Juli bestellte ein Unbekannter bei Mozart eine Totenmesse. Obwohl die Anzahlung beträchtlich war,* legte er den Auftrag zunächst beiseite. Im Juli unterbrach er dann doch seine Arbeit an der ZAUBERFLÖTE. Leopold II. sollte Anfang September in Prag zum böhmischen König gekrönt werden, und der Impresario Domenico Guardasoni (1731–1806) hatte die Komposition der Festoper Mozart übertragen. Der konnte schon wegen der hohen Gage nicht widerstehen, obwohl es sich um eine Seria-Oper und ein fast sechzig Jahre altes Libretto handelte. Binnen sechs Wochen war Mozart fertig. Ende August reiste er an die Moldau, um die Oper, wie üblich, an Ort und Stelle fertig zu komponieren und einzurichten. Auch dieser Gattungsleiche zauberte er in einigen Arien und Ensembles wieder Leben auf

* Siehe Anhang.

die hohlen Wangen. Die Arbeit an der ZAUBERFLÖTE mußte allerdings warten, auch noch nach seiner Rückkehr nach Wien. Denn er komponierte – anläßlich der Einweihung des »Tempels« seiner alten, wiedergegründeten Loge – zunächst die KLEINE FREIMAURER-KANTATE K. 623. Die Uraufführung, die er selbst leitete, fand Mitte November statt. Es war das letzte Stück, das er fertigkomponieren konnte.

Am 20. November 1791 legte sich Mozart mit fiebrigem Ausschlag ins Bett. Die Schwägerin Sophie Haibel, jüngste der drei Weber-Töchter, half bei der Krankenpflege. Mehr als dreißig Jahre später erinnerte sie sich in einem Brief an den frühen Biographen Nissen: »Nun, als Moz: Erkrankte machten wir beyde jhm die Nacht Leibel, welche Er Vorwärts anzihen könte weil er sich vermög geschwulst nicht trehen könte, und weil wir nicht wusten wie Schwehr Kranck er seie, machten wir jhm auch einen Watirten Schlaf Rock.« Am Tag darauf will Sophie eigentlich gar nicht zu Mozart gehen, denn der Kranke hatte sich nach der Behandlung besser gefühlt. Aber als sie ihrer Mutter einen Kaffee kocht, geschieht Wunderliches: »ich ging also in die Küche, kein Feuer war mehr da. ich mußte ein Licht anzünten, und feuer machen. Mozart ging mir den doch nicht aus dem Sinne, mein Cofée war fertig, und mein Licht brande noch, [...] jez sah ich star in mein Licht und dachte ich mögte doch gerne wißen waß Mozart macht, und wie ich dis dachte und ins licht sahe Leschte das Licht aus und so aus als wen es Nie gebrand hätte.« Sie eilt hinüber zu den Mozarts. »Ach Gott wie Erschrak ich nicht als mir meine halb Verzweifelnde, und doch sich Modoriren wollende Schwester entgegen kam, und sagte Gott Lob Liebe Sophie daß du da bist, heute Nacht ist er so schlecht geweßen, daß ich schon dachte er erlebt diesen Tag nicht mehr, bleibe doch nur heute bey mir den wen er heute wieder so wird so Stirbt er auch diese Nacht, gehe doch ein wenig zu ihm, waß er macht, Ich suchte mich zu faßen, ging an sein bette, wo Er mir gleich zu rüffte, ach gut Liebe Sophie daß Sie da sind, Sie müßen heute Nacht da bleiben, Sie müßen mich Sterben sehen, ich suchte mich stark zu machen, jhm es aus zu reden allein er erwiderte mir auf alles, ich habe ia schon den Todten Geschmack auf der Zunge, und wer wird den meiner liebsten Constance beystehen wen Sie nicht hier bleiben.«*

* Zit. nach Landon, 1791, S. 205 f.

Konstanze schickt Sophie nach einem Geistlichen, der sich – die Amts-

kirche mochte den Freimaurer Mozart offenbar nicht – nur mit Mühe überreden läßt zu kommen. Als Sophie zurückkehrt, ist Süßmayr bei Mozart. »Dan Lag auf der Decke das Bekannte Requem und M: Explicirte jhm wie seine Meinung seie daß er es Nach seinem Todte Vollenden sollte.«* Nachdem man lange nach ihm gesucht hat, findet sich der Hausarzt Dr. Closett im Theater. »Dan kam Er und Verordnete jhm noch Kalte Umschlage über seinen Glühenden Kopfe welche jhn auch so erschitterten, daß Er nicht mehr zu sich Kam bis er nicht Verschieden, sein Leztes war noch wie Er mit dem Munde die Paucken, in seinem Requem aus Trücken wollte, das höre ich noch iezt.«** Die Geschichte von der REQUIEM-Probe an Mozarts Bett, an der Benedikt Schack als Sopran, Schwager Hofer als Tenor, Franz Xaver Gerl als Baß und Mozart selbst als Sänger der Altstimme teilgenommen haben sollen, wobei Mozart über den Klängen des ›Lacrimosa‹ heftig zu weinen begonnen habe, gehört ins Reich der – wenn auch gern zur Kenntnis genommenen – Legenden.

* Leonhart vermutet, Konstanze habe die Erinnerungen ihrer Schwester Sophie an dieser Stelle verfälscht, um die nach Mozarts Tod heimlich von ihr veranlaßte Komplettierung des REQUIEMS durch Süßmayr zu rechtfertigen.

** Zit. nach Landon, 1791, S. 207.

Der Tod trat am 5. Dezember 1791 kurz vor ein Uhr nachts ein. Die Todesursache? Auf dem Totenschein stand »hitziges Frieselfieber«. Heute gehen manche davon aus, daß Mozart, der in seinen Briefen immer mal wieder über heftige Schweißausbrüche und rheumatische Beschwerden geklagt hatte, an den Folgen eines gelenkrheumatischen Fiebers sowie den dagegen eingeleiteten Behandlungsmethoden – er wurde mit mindestens zwei Litern Blut zur Ader gelassen – gestorben ist.*** Neuere Theorien sprechen von Streptokokkeninfektion, Schönlein-Henoch-Syndrom, Nierenversagen, Gehirnblutung und schließlich Bronchopneumonie mit tödlichem Ausgang.****
»Am 6. Dezember nachmittags 3 Uhr wurde die Leiche bei St. Stephan [...] eingesegnet«, schreibt Hermann Abert über Mozarts Begräbnis.***** »Es herrschte ein heftiges Regen- und Schneewetter; die wenigen Freunde, die sich zur Feier eingefunden hatten, unter ihnen van Swieten, Salieri, Süßmayr« – Abert vermutet, daß auch die Schwäger Lange und Hofer zugegen waren, nicht aber die Witwe, worüber er, wie die meisten Biographen bis heute, bittere Beschwerde führt –, »standen mit Regenschirmen um die Bahre, die dann durch die große Schulerstraße dem Friedhofe von St. Marx zugeführt wurde. Da das Wetter sich immer mehr verschlechterte, beschlossen die Leidtragen-

*** Siehe dazu Carl Bär, Mozart. Krankheit – Tod – Begräbnis, Salzburg 1972.

**** J. P. Davies, Mozart's Illness and Death, in: Musical Times CXXV (1984), S. 437–441.

***** Abert, Mozart, Bd. 2, S. 697.

den, beim Stubentore umzukehren; kein Freund stand am Grabe, als der Sarg hinabgesenkt wurde. Es war auf Swietens Rat ein Armengrab, das für gewöhnlich fünfzehn bis zwanzig Särge aufnahm und alle zehn Jahre neu besetzt wurde. So fand Mozart seine letzte Ruhestätte bei den Allerärmsten von Wien; kein Mal gab Kunde von dem Ort, an dem er begraben wurde.«

Der Hergang, wie er hier Jahrzehnte später geschildert wird, scheint, abgesehen davon, daß das Wetter in Wirklichkeit recht gut war, den Gegebenheiten zu entsprechen.* Prekär bis peinlich ist nur die Interpretation einer tränenfixierten Mozart-Gemeinde: Da wird das spätfeudale 18. Jahrhundert mit seinem ganz eigenen Verständnis von Tod und Vergänglichkeit verurteilt aus Sicht eines ganz anderen, in Mitteleuropa bis heute andauernden bürgerlichen Totenkults. Ende 1791 waren schließlich kaum sieben Jahre vergangen, seit Joseph II., bemüht um Volkshygiene und Sparsamkeit, in einer Begräbnisordnung** seine Untertanen angewiesen hatte, ihre Angehörigen künftig nicht mehr in teuren, eigens angefertigten Särgen zu bestatten. Statt dessen sollte man sie nach der kirchlichen Einsegnung in einem wiederverwendbaren Leihsarg zum Friedhof transportieren. Dort wurde der in einen Leinensack eingenähte Leichnam dann neben andere gerade Verstorbene in ein Gemeinschaftsgrab gebettet und mit Kalk überschüttet. Sobald ihrer genug waren, wurden die Leichen mit Erde bedeckt. Kreuze standen, wenn überhaupt, außen an der Friedhofsmauer. Zwar mußte der Monarch diese vernünftigen Maßnahmen angesichts wachsender Proteste schon nach einem halben Jahr wieder teilweise rückgängig machen und die Möglichkeit individueller Sargbestattung einräumen. Gemeinschaftsgräber waren aber dennoch vielerorts üblich und wurden auch nicht mit Armut in Verbindung ge-

* Siehe Landon, 1791, S. 197.

** Siehe Anhang.

bracht. Armengräber gab es nicht, wer mittellos starb, bekam – eine weitere Folge der sozialen Gesinnung des Kaisers – eine Gratisbeerdigung, die den Normalbeerdigungen in nichts nachstand.
Wir wissen demnach nicht, wo sie geblieben sind, Mozarts sterbliche Überreste. Das pathetische Bild, das einem anderen Großen gewidmet wurde, gilt freilich auch für ihn: Er ist »eingeschreint im großen Herzen« der musikliebenden Menschheit. Wobei man von Ruhestätte kaum reden mag: Denn mit jedem seiner Werke ist es, als lebe er, über die Zeiten hinweg, immer noch.

9
Nachlaß

Soave sia il vento,
Tranquilla sia l'onda
Ed ogni elemento
Benigno risponda
Ai vostri desir.
COSÌ FAN TUTTE I, 10

Wenn man bedenkt, was Mozart der Welt an Reichtümern hinterlassen hat, mutet die Vorstellung, er könne ihr etwas schuldig geblieben sein, grotesk an. Und dennoch: 3.000 Gulden sollen es bei seinem Tod gewesen sein, 180.000 Mark. Die Witwe wurde mit dem Problem so gut fertig, daß man sich wünscht, sie wäre früher schon für die Finanzen im Hause Mozart verantwortlich gewesen. Sie hat das Geschick, mit Geld umzugehen, erst nach dem Ableben ihres Gatten entwickelt, der sie allerdings mit seiner Alleinherrschaft in finanziellen Dingen nicht herabsetzen wollte, sondern damit offenbar nur den allgemein üblichen Vorstellungen von »Männlichkeit« entsprach.

Konstanze Mozart hat es nicht leicht gehabt, denn eine überwiegend männliche Biographenschar ließ mehrheitlich kein gutes Haar an ihr: Schon Hermann Abert befand, ihr Wesen habe »vor allem in einem gänzlichen Mangel an innerer Zucht, an Sittlichkeit in höherem Sinn« bestanden; Arthur Schuricht behauptete, sie habe »vom tiefsten einsamen Innenleben Mozarts zu keiner Zeit ihres Lebens eine Ahnung« gehabt, ja sogar – hoho! – »Mozarts künstlerischer Zeugungskraft die Intensität« geraubt; und Wolfgang Hildesheimer hielt es offen beleidigend für »unwahrscheinlich«, »daß sie jemals psychisch gelitten hat, und auch ihre physischen Leiden betrachten wir mehr als willkommenen Vorwand zu Badekuren«.* Gipfel aller Biographen-Frechheit: Sie sei schuld gewesen am frühen Tod ihres Gatten.

*Alle Zitate nach Landon, 1791, S. 245.

Wer war Konstanze Mozart? In keinem der existierenden Dokumente gibt es einen einzigen Anhaltspunkt für eine eindeutige Antwort. Ob zu einem Genius ein ebenbürtiger Geistespartner gehört oder ob es nicht auch ein ganz durchschnittlicher Mensch sein darf, ist am Ende

Ansichtssache. Mozart hat mit Konstanze, seine Briefe sagen es, gern zusammengelebt; er war verliebt und eifersüchtig, zufrieden und unzufrieden, hat sich geärgert, gesehnt und gefreut. Beethoven und Schubert, Schumann, Brahms und Bruckner – sie alle hatten keine oder nur unglückliche Frauenbeziehungen. Dies im Hinterkopf, sollten wir Konstanze Mozart auf Knien dafür danken, daß sie ihrem Mann und (!) seinen Opern eine lebendige Ahnung davon verschafft hat, wie Frauen so sind und was ihre Liebe bedeuten kann.
Mozart indes blieb seiner Frau offenbar ein Rätsel – wie auch der Nachwelt. Was nicht heißen soll, daß jeder aus seinem Wesen und Wirken machen kann, wozu er lustig ist. Auf die Verfälschungen seines Charakters, die ein bis heute nachwirkendes 19. Jahrhundert hervorbrachte – sie reichten und reichen im übrigen bis in die Interpretation seiner Musik –, folgte die Vereinnahmung durch den Kommerz. Gut, daß der Genius Mozart all das überlebt hat und auch weiter überleben wird. »Was ist Genie anders als jene produktive Kraft«, sagt Goethe im Gespräch mit Eckermann fragend, »wodurch Taten entstehen, die vor Gott und der Natur sich zeigen können und die ebendeswegen Folgen haben und von Dauer sind. Alle Werke Mozarts sind dieser Art; es liegt in ihnen eine zeugende Kraft, die von Geschlecht zu Geschlecht fortwirkt und so bald nicht erschöpft und verzehrt sein dürfte.«*

*Zit. nach Friedrich Dieckmann, Schubert. Eine Annäherung, Frankfurt am Main 1996, S. 232.

Anhang

Anmerkungen

2

Seite 26: Instrumentalmusik wurde zu Mozarts Zeiten in Italien fast ausschließlich in Verbindung mit der Oper gepflegt; die Entwicklung von Sinfonie und Konzert, die aus der Ouvertüre entstanden sind, endete dort im großen und ganzen mit dem Barock. Die in Frankreich, Österreich und vor allem Deutschland blühende Klaviermusik hat in Italien – von berühmten Ausnahmen wie Domenico Scarlatti oder dem in Wien erfolgreichen Muzio Clementi abgesehen – keine Schule gemacht.

Seite 34 f.: Unter den Zuschauern der Papstordensverleihung befinden sich allerlei Personen, die im Leben des Autors in verschiedenster Weise eine Rolle gespielt haben oder noch spielen, so zum Beispiel – v. l. n. r. – Hemingway, Rembrandt, Reka, Niclas, Dostojewski, Büchner, Rosa Luxemburg, Lina, Schubert, Picasso, Änne, Rainer, Heine, Shakespeare, Brecht, Kafka, Goya, Marx, Bach, Beethoven, Uta, Goethe, Chaplin.

3

Seite 37: Der kleine Stadtrundgang durch Salzburg und die Namensgebung einiger Etablissements sind selbstverständlich satirischer Natur.

Seite 38: Mozart war sehr erfolgreich und am Ende seines Lebens ein berühmter Mann, aber die Anerkennung, die beispielsweise Zeitgenossen wie Johann Christian Bach, Christoph Willibald Gluck oder Joseph Haydn erfuhren, wurde ihm nie zuteil. Der Musikwissenschaftler Stefan Kunze erklärt dies in einem Text über Mozarts frühe Oper LUCIO SILLA° damit, daß sich die Musik des Maestros immer wieder den Erwartungen ihrer Zeit entzog: »Das eigentlich Neue aber liegt unverkennbar im Eigengewicht, das Mozarts Musik in ihren Hauptmomenten entfaltet und welches das Interesse derart an die einzelne musikalische Nummer bindet, daß das im ›dramma per musica‹ kunstvoll austarierte Gleichgewicht zwischen Drama und Musik gestört wurde. Der immanenten Tendenz der Mozartschen Musik und ihrem Anspruch kam zwar einerseits die Anlage der seria [gemeint ist die frühe Operngattung Opera seria, zu ihrer Zeit ›Dramma per musica‹ genannt] entgegen, da sie die Heraushebung einzelner Szenen bzw. einzelner Musikstücke (z. B. der Arie) zuließ, doch ergab sich andererseits ein unaufhebbarer, das Genre in Frage stellender Defekt, wenn die Handlungspartien des Dramas (Rezitativ) gegenüber den musikalischen Nummern zur Unerheblichkeit herabsanken. Solches wäre zu bedenken, wollte man zu erklären versuchen, weshalb die Aufführung des Lucio Silla folgenlos blieb. Die Tatsache ist um so rätselhafter, als die Mailänder Inszenierung, die es immerhin auf 26 Wiederholungen gebracht hatte, jedenfalls trotz einiger widriger Umstände kein Mißerfolg war.«

Seite 38: Die einzige verbriefte Äußerung Rudolf Joseph Colloredos über Mozarts Musik war ein Kommentar zur Entführung, die am 17. November 1784 unter der Leitung ihres Schöpfers Premiere in Salzburg hatte. »Es ist wirklich nicht übel gewesen«, hat Vater Mozart ihn gnädigst sagen hören.

Seite 42: Wie sehr Mozart sich für die Entwicklung des Instrumentenbaus interessierte, zeigt sein brieflicher Bericht aus der Augsburger Werkstatt Johann Andreas Steins: »Nun muß ich gleich bey die steinischen Piano forte anfangen. Ehe ich noch vom stein seiner arbeit etwas gesehen habe, waren mir die spättischen Clavier am liebsten [die Klaviere des Regensburger Meisters Franz Jacob Späth]; Nun muß ich aber den steinischen den vorzug lassen; denn sie dämpfen noch viel besser, als die Regensburger. wenn ich starck anschlage, ich mag den finger liegen lassen, oder aufheben, so ist halt der ton in dem augenblick vorbey, da ich ihn hören ließ. ich mag an die Claves kommen wie ich will, so wird der ton immer gleich seyn. er wird nicht schebern, er wird nicht stärcker, nicht schwächer gehen, oder gar ausbleiben; mit einem wort, es ist alles gleich.« (17. Oktober 1777) – Steins Tochter Anna Maria heiratete 1794 in Wien den aus Stuttgart stammenden Johann Streicher und betrieb als »Nanette« Streicher, zunächst mit ihrem Bruder Matthäus und nach dessen Ausscheiden 1802 mit ihrem Gatten, eine Klavierfabrik, deren berühmtester Kunde Ludwig van Beethoven war.

Seite 46: Wolfgang Hildesheimer hat zu Recht darauf hingewiesen, daß Mozart, entgegen allen prüden Vertuschungsversuchen, nicht nur sexuelle Anspielungen liebte – als Beispiel führt Hildesheimer Mozarts Frage ans Bäsle an: »Warum soll ich's ihnen nicht thun? – sie thun's mir ja auch!« –, sondern diesen auch gern Taten folgen ließ. Die Bäsle-Briefe sind einer der Ausgangspunkte von Hildesheimers bahnbrechendem Versuch, Mozart, soweit das mittels schriftlicher Zeugnisse möglich ist, als Person lebendig werden zu lassen. Andere taten es ihm nach, allerdings mit zwiespältigem Resultat: So widerlegte Milos Forman zwar mit Erfolg das Bild des angepaßt-sexualfrommen Mozart, das man sich seit dem 19. Jahrhundert gemacht hatte, ersetzte es aber durch ein nicht weniger verlogenes: Mozart als lasziver Hollywoodclown – genial, aber doch irgendwie doof und crazy.

4

Seite 58: »Noch mehr aber als die starke Besetzung«, schreibt Mozart-Biograph Hermann Abert, »wurde an diesem Orchester die verschiedene Art des Vortrags gelobt. Man fand hier das Piano und Forte in den verschiedensten Abstufungen wiedergegeben und besonders das Crescendo und Diminuendo in einer ganz neuen Weise ausgeführt, die von den übrigen Orchestern höchstens das Stuttgarter unter Jomelli erreichte; auch waren Saiten- und Blasinstrumente in einer ganz neuen Weise miteinander verschmolzen. Kurz, das Mannheimer Orchester war Gegenstand allgemeiner Bewunderung.«*
Dagegen Guido Adler: »Die der Mannheimer Schule zugeschriebene Neueinführung der Manieren« – Adler bezieht sich auf Abert – »beruht auf einem Irrtum: Sie finden sich schon in der italienischen Musik und anderwärts. Nur wurden sie in Mannheim in einem gewissen Übermaß verwendet.« Doch auch Adler würdigt die Rolle der Mannheimer bei der Entstehung des Orchesterstils der Neuzeit. Im Gegensatz zu den orchestertechnischen Neuerungen der beiden Mannheim-Profiteure Carl Philipp Emanuel Bach und Ludwig van Beethoven hätten sich, schreibt Adler, »Haydn und Mozart mehr mit inneren Steigerungen« begnügt, mit »mehr oder weniger raschen Folgen der Stimmeinsätze von unten nach oben, Verdichtung des Stimmgewebes, so daß aus sich selbst heraus, ohne eigene Vorzeichnungen die Dynamik in auf- und absteigender Bewegung belebt wurde oder sich abschwächte – stets im Zusammenhang mit dem Ideen- und Ausdrucksgehalt der betreffenden Stellen oder ganzer Sätze«.**

* Abert, Mozart, Bd. 1, S. 476 f.

** Guido Adler, Die Wiener klassische Schule, in: Handbuch der Musikgeschichte, Bd. 3, München 1975, S. 776.

Seite 79: Dem Südtiroler Ausnahmekoch Karl Unterhofer verdankt der Autor die freudige Begegnung mit dem einzigen Wein, den Mozart in seinen Opern beim Namen genannt hat: »Eccelente Marzimino!« singt Don Giovanni im zweiten Finale kurz vor dem grauslichen Ende. Ganz besonders gut gelingt der Marzemino (sic!) heute dem Winzer Armando Simoncelli in Rovereto (Tel. 0039-0464-432373; oder über Casa del Vino in Waldkraiburg, Tel. 08638-3819), einem Städtchen im norditalienischen Trentino, wo Mozart am Weihnachtsabend 1769 übernachtete. Diesen nur im Trentino wachsenden dunkelfruchtigen Roten von ganz eigener Prägung hatte Karl Unterhofer zum Glück des Autors im Keller seines leider nicht mehr existierenden Restaurants »Amadé« vorrätig. Als der Koch – er ist heute Küchenchef im Bozener »Hotel Mondschein« – bei einem nachmittäglichen Fläschchen unter den weißen Schirmen des Restaurantgartens die Geschichte vom liebeskranken Mozart des Jahres 1780 hörte und von dessen Lieblingsgericht, erbarmte er sich und rückte auch noch mit einem schmackhaften Kapaun-Rezept heraus:

Zutaten
1 Kapaun von 2 kg Gewicht, ausgelöst (ein Kapaun ist ein kastrierter, gemästeter Hahn; das Auslösen kann man vom Händler besorgen lassen)
200 g Schweinewürstchen (Salsicce oder Nürnberger)
100 g Schalotten
1 Knoblauchzehe
einige Salbeiblätter
1 Rosmarinzweig
50 g Butter
200 g gewürfeltes Weißbrot
Salz, Pfeffer
2 Eier
¼ l Weißwein
1 Bund Suppengemüse
Parmesan

Zubereitung
Mit den ausgelösten Knochen und etwas Suppengemüse für die spätere Sauce eine Brühe machen und einkochen lassen.
In einem passenden Topf die fein gewiegten Schalotten in der Butter glasieren. Die in etwa 1 cm große Stücke geschnittenen Schweinswürstchen dazugeben und mit rösten. Die gehackten Kräuter beifügen, den Topf vom Feuer nehmen, die Masse mit Brot mischen und die Hälfte des Weißweins dazugießen.
Jetzt die Eier und etwas geriebenen Parmesan unterrühren und das Ganze dann salzen und pfeffern.
Den geklopften Kapaun mit der Masse füllen, einrollen und zubinden. In einer Kasserolle auf allen Seiten anbraten und für 60 Minuten ins Rohr schieben.
Das Fett abschöpfen, den restlichen Wein hinzugeben, einkochen und mit der Brühe eine Sauce zubereiten. Abschmecken und mit etwas Kräutern würzen.
Den Kapaun in Scheiben schneiden und – guten Appetit! Dazu paßt ausgezeichnet gedünsteter Wirsing mit Kastanien und Polenta. Eine Flasche grasgolden funkelnder Grüner Veltliner vom Neusiedler See, möchte der Autor als Somellier hinzufügen dürfen, paßt auch noch dazu (Leopold Sommer, Donnerskirchen – info@weingut-sommer.at).

5

Seite 79: Das trotzig-traurige Mozart-Zitat in der Sprechblase verdankt sich dem Erstbiographen Georg Nikolaus Nissen. Der hatte sich den vermutlich von Mozarts Witwe überlieferten Ausspruch notiert, ihn dann allerdings mit Rücksicht auf noch lebende Personen nur in abgeschwächter Form in sein Buch aufgenommen.

Seite 93: »Gerade so viel Noten als nötig.« Verstreut auf dem Boden um Mozarts Arbeitstisch liegen Notenpapiere, verworfene Anfänge, vernachlässigte Varianten. – In einem Gespräch des Autors mit dem niederländischen Cellisten Anner Bylsma ging es einmal um die bedauerliche Tatsache, daß Mozart – außer einigen Stellen, die dem auf dem Cello dilettierenden Preußenkönig gewidmet waren und darum PREUSSISCHE QUARTETTE genannt werden – nichts für konzertierendes Cello geschrieben habe. Bylsma wies auf das Fragment einer Sinfonia Concertante für Geige, Bratsche und Violoncello hin, einen kompletten Kopfsatz (SINFONIA CONCERTANTE für Geige, Bratsche und Cello A-Dur K. Anh. 104°). Er erinnerte daran, daß Mozart vieles unvollendet liegengelassen hat, so auch ein ganzes zweites Eingangsallegro und ein Rondo zum KLARINETTENQUINTETT (Allegro F-Dur K. 580b und Rondo K. 581a°.)
Entgegen der Mär vom genialen Naturburschen mit den ebenso spontanen wie endgültigen Eingaben gehörte Mozart zu den Tüftlern, den Fanatikern, die bis ins Detail an der Stimmigkeit feilen. Selbst an den unvergleichlich herzenstiefen Stellen ist in seiner Musik immer zugleich der kühle Kopf am Werk. Sein Fleiß war gewaltig, er selbst stets von Zweifeln geplagt; er stellte Ansprüche an sich, die jedes übliche Maß sprengten. In der Entschiedenheit, mit der er am Ende immer wußte, was richtig war und was falsch, liegt etwas von Genie.

Seite 99: Zur Neuartigkeit der Klavierkonzerte und zu Mozarts ganz eigener Art, mit Konventionen und Regeln umzugehen, bemerkt – am Beispiel einer eingehenden Analyse des ersten Satzes vom »JEUNEHOMME«-KONZERT K. 271 – voller Bewunderung Charles Rosen: »Mit seinem unübertroffenen Sinn für Proportionen und dramatische Zweckmäßigkeit unterwarf Mozart sich nur den Regeln, die er selbst mit jedem Werk neu aufstellte und umformulierte. Seine Konzerte sind nicht geniale Verbindungen aus traditioneller Konzertform und modernem Sonatenallegro, sondern unabhängige Schöpfungen, die sich einerseits auf überkommene Erwartungen hinsichtlich des Gegensatzes von Solist und Orchester stützen und ihn ihm Hinblick auf das dramatische Potential des Genres ausformen und die andererseits von den Proportions- und Spannungsverhältnissen – nicht den Formmustern! – des Sonatenstils bestimmt sind.«*

* Rosen, Der klassische Stil, S. 238f.

Seite 108: »Bis heute sind es«, urteilt Wulf Konold, »die sechs Haydn gewidmeten Quartette, die Mozarts Rang als Quartettkomponist ausmachen; sie entstanden als, wie Mozart in der Widmung an Haydn schreibt, Frucht ›langer und mühseliger Arbeit‹. Auslösendes Moment waren Haydns Quartette op. 33. Die Bekanntschaft mit diesen Quartetten Haydns war einer der tiefsten Eindrücke in Mozarts künstlerischem Leben. Aber diesmal läßt er sich nicht überwältigen. Diesmal lernt er als Meister vom Meister. Haydns berühmter Ausspruch gegenüber Leopold Mozart, dessen Sohn habe ›Geschmack und überdies die größte Compositionswissenschaft‹, bringt mit der Doppelseitigkeit der beiden sich ergänzenden Begriffe das Wesen dieser Quartette unnachahmlich auf einen Nenner – und wer immer noch der Fabel vom Götterliebling Mozart anhängt, dem alles nur so zugeflogen sei, dem ist anzuraten, die Autographe dieser sechs Quartettte zu studieren – sie beweisen deutlicher als alle Worte, wie sehr ›Compositionswissenschaft‹ dafür nötig war – auch wenn oberflächliches Hören sie nicht erkennt.«* – Schindler und andere Beethoven-Biographen berichten, der 17jährige Beethoven habe Mozart während der Zeit, als der FIGARO entstand, in dessen Wohnung in der Schulerstraße besucht. Das ist ebenso unbelegt wie Mozarts angeblicher Kommentar: »Dieser Jüngling wird noch viel in der Welt von sich reden machen!«

* Wulf Konold, Das Streichquartett. Von den Anfängen bis Schubert, Wilhelmshaven 1980, S. 82 f.

Seite 110: Mozarts nachgelassene Bibliothek bestand aus 41 Büchern. Neben der siebenbändigen Ausgabe von C. F. Cramers ›Magazin der Musik‹ waren nur noch zwei weitere Werke zum Thema Musik vorhanden. Der Rest: Naturwissenschaft, Geschichte (ein Buch über Joseph II.) und Philosophie (sieben Autoren der Aufklärung). »Da zieh ich aber allzeit ein Buch aus meiner Tasche, und lese – – wie ich es zu salzburg zu machen pflegte«, schreibt er am 20. Dezember 1777.

Seite 110: »Von all den spießigen Legenden um Mozart, wie wir sie dem Unverständnis des vergangenen Jahrhunderts verdanken, haben sich drei Fehlinterpretationen am hartnäckigsten eingenistet. Sie sind besonders weit verbreitet und stellen zugleich die albernsten und damit gefährlichsten dar. Sie gilt es mit besonderer Entschiedenheit zu bekämpfen: erstens Mozart als Vertreter des ›Rokoko‹, zweitens Mozart als ›Sonnenjüngling‹ (idealisiert, heiter wie ein Kind der Sonne) und schließlich der ›Italiener‹ Mozart. […] Am falschesten aber«, bemerkt Grigori Tschitscherin und referiert dabei Richard Specht**, »sei wohl jenes, das einen ›Mozart mit Puderzöpfchen, mit artig vergnügter Schalkhaftigkeit und ein bißchen Frivolität als den rechten empfand, ein Genie graziös abgezirkelter, verliebter Spieluhrenmusik, einen Watteau der Musik gleichsam.‹«***

** Richard Specht, Die Mozart-Legende der Gegenwart, in: Die Musik (1928), Heft 7, S. 483 f.

*** Tschitscherin, Mozart, S. 34 f.

Seite 116: Das Programm von Mozarts »accademien« bestand keineswegs nur aus Klavierkonzerten. Wie bunt zusammengesetzt und vor allem ellenlang es war, belegt ein Brief vom 29. März 1783, in dem der Sohn dem Vater die Akademie vom 23. März im Burgtheater beschreibt. Man vergleiche mit heutigen Programmen:
»I: die Neue Hafner Simphonie [K. 385]. 2:^{t} sang Madme: Lange die aria auf 4 instrumenten aus meiner Münchner oper. *se il padre perdei:* – 3:^{t} spielte ich das 3:^{t} von meinen Souscriptions-Concerten [K.415]. 4:^{t} sang Adamberger die scene für die Baumgarten [K. 369]. 5:^{t} die kleine Concertant-Simphonie von meiner lezten final Musique [K. 320, Nr. 3]. 6:^{t} spielte ich das hier beliebte Concert ex D. wozu ich das variazion Rondeau geschickt habe [K. 175 und 382]. 7:^{t} sang Mad:alle täuber die Scene aus meiner lezten mailand opera. *Parto, m'affretto* [LUCIO SILLA, K. 135, Nr. 16]: – 8:^{t} spielte ich alleine eine kleine fuge.|: weil der kayser da war:| und varierte eine aria aus einer opera genannt die Philosophen [von Giovanni Paisiello, K. 398]. – musste nochmal spielen. varierte die aria *unser dummer pöbel meint* etc: aus denn Pilgrimme von Mecka [von Gluck, K. 455°]. 9:^{t} sang die lange das Neue Rondeau von mir [K. 416]. 10. das lezte stück von der ersten Simphonie [K. 385].«

6

Seite 124: Interessant ist an dieser Stelle eine längere Ausführung Gerhard Scheits: »Das erste Duettino in der ›Hochzeit des Figaro‹ hat folgende musikalische Handlung: Susanna gelingt es, Figaro von der Arbeit des Ausmessens abzulenken und seine Aufmerksamkeit auf ihren Hut zu ziehen. Zunächst hört man, daß Figaro und Susanna einander nicht beachten: Figaro mißt das Bett, und Susanna probiert ihren Hut. Wenn die Streicher in regelmäßigem Rhythmus immer denselben Ton im piano wiederholen (es handelt sich um ein d) – nach einem Auftakt genau viermal –, vermeint man den stumm abmessenden Figaro zu hören, denn beim fünften Mal springen die Streicher mit einem Akzent auf a, und Figaro gibt sein Ergebnis laut bekannt: cinque – und so geht es weiter, dieci, mathematisch nicht mehr ganz korrekt: venti, trenta – wobei sich das Intervall jeweils um einen Ton der Skala vergrößert: die Streicher springen von d auf h, dann auf c, schließlich landen sie bei der Oktave. Die Musik widmet Figaros Tätigkeit größeren Raum als Susannas Aktivität. Susanna singt fast nur eine Schlußwendung. Genau dieses Verhältnis kehrt sich aber um, als es Susanna gelingt, Figaro zu stören und seine Aufmerksamkeit auf sich zu ziehen. Mozart wiederholt die Sequenz, die das Messen Figaros andeutet, und nun singt Susanna nur scheinbar begleitend, in Wahrheit dazwischen, so daß Figaro seine Meßergebnisse immer ein wenig zu spät, verglichen mit dem ersten Mal, bekanntgibt – nämlich zwei Viertel nachdem die Streicher mit dem Akzent den Intervallsprung getan haben. Sie singt: ›Guarda un po‹, mio caro Figaro / Guarda adesso il mio capello‹ (I/1). In dem anschließenden Teil des Duettinos legt Susanna nun überhaupt keine Pausen mehr ein, so daß Figaro seine Zählergebnisse nicht mehr bekanntgeben kann – und es gelingt ihr endgültig, Figaros Aufmerksamkeit auf sich zu ziehen: sie drängt Figaro förmlich auf die Dominante, in die Tonart D-Dur, indem sie dreimal hintereinander das cis auf dem ersten Schlag des Taktes singt. Figaro bleibt fast nichts anderes übrig, als ihr zu bestätigen, daß der Hut gut passe: ›Sì mio core, or è più bello / Sembra fatto inver per te.‹ Er singt zu diesen Worten ebenjene Melodie, mit der Susanna am Beginn des Duettinos eingesetzt hatte, jetzt aber auf der Dominante, so daß sie an Spannung und an Bedeutsamkeit gewinnt. Und Susanna fordert ihn nochmals auf, und Figaro singt ein zweites Mal das Lob des Hutes – womit wie am Beginn die Sequenz wiederholt wird – nur ist nun Figaros Tätigkeit ganz daraus verschwunden.«[*] Für kundige Hilfe bei einigen musiktheoretischen Details und für etliche schöne Gespräche an menschenfreundlichen Orten wie der »Meierei« im Volksgarten oder dem – zumindest vor der Neugestaltung – wunderschönen Judenplatz weiß der Autor sich seinem Wiener Freund Scheit zu Dank verpflichtet.

* Scheit, Dramaturgie der Geschlechter, S. 125 f.

Seite 125: Das Zitat in der Sprechblase ist entnommen der 6. Szene des 1. Akts des Figaro; Mozart und da Ponte spielen sie im Arbeitszimmer Mozarts nach, der Zeichnung des Zimmers diente als Vorlage ein Raum aus Mozarts damaliger Wohnung, die man heute noch in der Schulerstraße 5 besichtigen kann.

Seite 128: Zu wie vielen Mißverständnissen Mozarts Umgang mit überkommenen Operngattungen bis heute geführt hat, zeigt bereits dessen erste große Oper, Idomeneo. Nikolaus Harnoncourt, der so freundlich war, einen Blick in mein Manuskript zu werfen, wies an der betreffenden Stelle darauf hin, daß Mozarts Idomeneo keine Opera seria sei. Er hat recht, was das Ergebnis angeht; die Textvorlage allerdings war die einer Seria. Mozart hat hier erstmals eine vom Aufbau und Charakter des Librettos vorgegebene, tradierte Form verjüngt und erweitert. Bei den folgenden Werken ist er ebenso verfahren. Aus Gattungen wie Opera seria, Singspiel oder Opera buffa wurde unter seinen Händen etwas so Neues, daß er selbst mit jeder Oper wachsende Probleme bekam, den Werkcharakter zu bestimmen.

Seite 132: Die Sprechblase in der Szene, in der die beiden Autoren in Mozarts Wohnung in der Domgasse am Don Giovanni arbeiten, entstammt dem zweiten Finale. »Pentiti!« – Bereue! – fordert da Ponte/Komtur

Mozart/Don Giovanni auf. Dieser aber, wie nicht anders zu erwarten, lehnt ab.

7

Seiten 150–155: Der Text des Comics ist frei erfunden. Nicht erfunden ist der friedvolle Abend beim Italiener in der Holländischen Reihe, in dessen Verlauf der Hamburger Komponist und Arrangeur Niels Frédéric Hoffmann und der Autor ein ähnlich geartetes Beisammensein Mozarts und da Pontes meinten erdichten zu dürfen. Der Comic erschien in dem Mozart-Buch, das Hoffmann und Siegert 1988 gemeinsam im heute nicht mehr existierenden Verlag Rasch und Röhring herausbrachten. Für diese und andere Beiträge zum neuen Buch schuldet der Autor seinem einstigen Koautor Dank. Der gilt – auf andere Weise und aus anderen Gründen – auch seiner damaligen Frau. Die im Comic beschwatzte Così-Geschichte mit den vertauschten Bräuten geht übrigens literarisch bis auf Boccaccio, Cervantes, Ariosto und Ovid zurück.

Seite 154: Bei aller Desillusionierung haben Mozart und da Ponte in COSÌ FAN TUTTE die Gesellschaftsperspektive des FIGARO nicht aus den Augen verloren. In der 8. Szene trägt Despina den Kakao für ihre Herrschaft mit den Worten herein: »Was für ein verfluchtes Leben, / Kammerzofe zu sein! / Von früh bis spät / arbeitet, schwitzt, schuftet man, und dann / haben wir selber gar nichts von der ganzen Anstrengung, / seit einer halben Stunde rühre ich hier herum; / die Schokolade ist fertig, und ich soll nichts davon haben / als den Duft und einen trockenen Mund? / Ist mein Mund etwa nicht wie der Ihre, / meine gnädigen Fräulein, / daß ich ihnen die Essenz verschaffe und mir den Geruch? / Zum Teufel, ich will sie probieren.«

Seite 160: Georg Knepler liest einen Mozartbrief vom November 1790 aus München als verschlüsselten Hinweis auf das Epochenereignis: »Damit Du ein anderes Bad besuchest, dabey wird dir auch die unterhaltung, Motion, und Luftveränderung gut thun, so wie es mir herrlich anschlägt [Mozart hatte keinen Kurort aufgesucht].«*

* Knepler, Mozart, S. 398 f.

Seite 162: In der Zeichnung, die den einsamen, aber anspruchsvollen Esser Mozart in seiner guten Stube zeigt, findet sich möglicherweise auch die Antwort auf die Frage nach Mozarts Todesursache: »Vergessen Sie rheumatisches Fieber, Nierensteine, Herzschwäche, Lungenentzündung und sogar Vergiftung«, war nämlich am 11. Juni 2001 in ›US Today‹ (und anderen US-Zeitungen) zu lesen.

»Was Wolfgang Amadeus Mozart wirklich getötet hat, waren Schweinekoteletts. Die neueste Theorie über die Gründe von Mozarts vorzeitigem Dahinscheiden besagt, daß die eigentliche Ursache eine Trichinose war, ausgelöst durch halbgares, wurmbefallenes Fleisch. So jedenfalls lassen sich alle Symptome bei Mozart erklären [...], sagt Jan V. Hirschmann vom ›Puget Sound Veterans Affairs Medical Center in Seattle‹.« Hirschmann verweist auf einen Brief Mozarts vom 7. und 8. Oktober 1790, in dem tatsächlich von »Carbonaldeln« die Rede ist. Trichinose hat eine Inkubationszeit von etwa fünfzig Tagen, so daß die Theorie zeitlich stimmen kann. Ob es allerdings schon damals gefährlich war, Schweinekoteletts zu essen, bleibt dahingestellt.

Seite 163: Daß Mozart in seinen letzten Jahren die Klarinette ein besonders liebes Instrument war, ist dem schon erwähnten Musikerkollegen und Freund Anton Stadler zu danken. Er gilt als Miterfinder und erster Nutznießer der »Bassettklarinette«. Diese ersetzt in Werken wie dem KLARINETTENKONZERT, dem KLARINETTENQUINTETT und den zwei klarinettenbegleiteten Sopranarien der Oper LA CLEMENZA DI TITO heute korrekter- und erfreulicherweise die bis dato übliche A-Klarinette und wird in einer von historischen Instrumenten zunehmend faszinierten Zeit gern mit dem gleichfalls wieder genutzten »Bassetthorn« verwechselt. Mozart, der über die neuesten Instrumententechnologien immer auf dem laufenden war, nutzte auf adäquate Weise den Umstand, daß das Bassetthorn eine Altklarinette in f ist, die beispielsweise für die originär dunkle Holzbläsertönung in Werken wie der ZAUBERFLÖTE, der MAURERISCHEN TRAUERMUSIK, dem AVE VERUM oder REQUIEM sorgt. Die Bassettklarinette dagegen ist eine A-Klarinette, die in der Tiefe um vier Halbtöne über das a hinausreicht bis zum c. Mit der Baßklarinette haben beide nichts gemein.

8

Seite 173: Auftraggeber des REQUIEMS war Franz Graf Walsegg-Stuppach, ein Musikenthusiast, der zu Haus im Schloß am Semmering Flöte und Geige spielte und das Werk anonym bestellen ließ, weil er es zum Gedenken an seine im Februar 1791 verstorbene Gattin Anna als Eigenkomposition aufzuführen gedachte. Konstanze, die nach der üppigen Anzahlungsrate auch des Resthonorars nicht verlustig gehen wollte, beauftragte nach Mozarts Tod heimlich dessen Schüler Joseph Eybler – er gab den Auftrag alsbald zurück – und Franz Xaver Süßmayr, beide bestens mit Mozarts Arbeitsweise vertraut, mit der Vollendung des Werks. Zehn Jahre nach Mozarts Tod gab Walsegg-Stuppach seine Anonymität auf und geriet prompt mit Konstanze in einen Urheberrechtsstreit.

Zum ewigen Spezialistendiskurs über den »richtigen« Umgang mit dem Requiem-Fragment meinte Guido Adler: »Und sind wir heute dem gebürtigen Oberösterreicher und Wiener Theaterkapellmeister Franz Xaver Süßmayr, der um 10 Jahre jünger als Mozart war, nicht dankbar, daß er das unvollendete Requiem von Mozart fertiggestellt hat? Wie viele der gebildeten Hörer können die eingesetzten Teile von den echten, wie viele Musikhistoriker die Mozartschen Abschnitte von den Süßmayrschen stilkritisch unterscheiden?«*

* Adler, Die Wiener klassische Schule, S. 774.

Und um an dieser Stelle auch noch auf die zu Beginn des 21. Jahrhunderts seltsam unwichtig gewordene Frage nach Mozarts Verhältnis zur Religion einzugehen: Allein schon die lockere Art, mit der er die Melodie des Agnus Dei aus der C-Dur Messe K. 317 (»Krönungsmesse«) in den Figaro einbaute, als dort die Gräfin im 3. Akt – »Dove sono i bei momenti?« – vergangenem Glück nachtrauert, hat etwas Präfeuerbachsches und belegt zumindest seine Neigung, Religion als eine sehr menschliche Angelegenheit zu betrachten.

Seite 179: Aus dem »Hofdekret in geistlichen und Polizeysachen«, das Joseph II. am 23. August 1784 erließ:
[...] 2. Sollen alle und jede Leiche wie bisher so auch künftighin von ihrem Sterbehause aus nach der letztwilligen Anordnung der Verstorbenen, oder nach Veranstaltung ihrer Angehörigen nach Vorschrift der Stoll- und Konduktsordnung bey Tage oder auf den Abend in die Kirche getragen oder geführet, sodann nach abgesungenen gewöhnlichen Kirchengebetern eingesegnet und beygesetzt, von dannen aus aber hernach von dem Pfarrer in die ausser den Ortschaften gewählten Freythöfe zur Eingrabung ohne Gepränge gebracht werden. [...]
4. Da bey der Begrabung kein anderes Absehen seyn kann, als die Verwesung so bald als möglich zu befördern, und solcher nichts hinderlicher ist, als die Eingrabung der Leichen in Todtentruhen: so wird für gegenwärtig geboten, daß alle Leichen in einen leinenen Sack ganz blos ohne Kleidungsstücke eingenähet, sodann in die Todtentruhe gelegt, und in solchen auf den Gottesacker gebracht werden sollen.
5. Soll bey diesen Kirchhöfen jederzeit ein Graben von 6 Schuh tief und 4 Schuh breit gemacht, die dahin gebrachte Leiche aus der Truhe allemal herausgenommen und wie sie in den leinenen Sack eingenäht ist, in diese Grube geleget, mit ungelöschtem Kalk überworfen, gleich mit Erde zugedeckt werden. Sollten zu gleicher Zeit mehrere Leichen ankommen: so können mehrere in die nemliche Grube gelegt werden; jedoch ist unfehlbar die Veranstaltung zu treffen, daß jeder Graben, in welchen todte Körper gelegt werden, alsogleich mit Erde angefüllt und zugedeckt werde, auf welche Art dergestalt fortzufahren ist, daß jederzeit zwischen den Gräbern ein Raum von 4 Schuh zu lassen ist.
6. Zur Ersparung der Kösten ist die Veranlassung zu treffen, daß jede Pfarre eine

ihrer Volksmenge angemessene Anzahl gut gemachter Todtentruhen von verschiedener Grösse sich beyschaffe, welche jedem unentgeltlich dazugeben sind; sollte aber dennoch jemand eigene Todtentruhen für seine verstorbenen Verwandten sich beyschaffen: so ist es ihm unbenommen; jedoch können die Leichen nie mit den Truhen unter die Erde gebracht werden, sondern müssen aus solchen wieder herausgenommen, und diese zu anderen Leichen gebraucht werden.

7. Soll den Anverwandten und Freunden, welche der Nachwelt ein besonderes Denkmal der Liebe, der Hochachtung, oder der Dankbarkeit für den Verstorbenen darstellen wollen, allerdings gestattet seyn, diesen ihren Trieben zu folgen; diese sind aber lediglich an dem Umfang der Mauern zu errichten, nicht aber auf den Kirchhof zu setzen, um da keinen Platz zu benehmen.«*

* Zit. nach Braunbehrens, Mozart in Wien, S. 437 f.

Literatur

MOZART, WOLFGANG AMADEUS: Briefe, ausgewählt und hg. von Stefan Kunze, Stuttgart 1987.
DERS.: Briefe, hg. von Horst Wandrey, Berlin/DDR 1984.
DERS.: Briefe, ausgewählt, eingeleitet und kommentiert von Wolfgang Hildesheimer, Frankfurt am Main 1975.

Die aus diesen Ausgaben zitierten Briefe der Familie Mozart gehen alle zurück auf: Gesamtausgabe der Briefe und Aufzeichnungen, hg. von der Internationalen Stiftung Mozarteum, gesammelt und erläutert von Wilhelm A. Bauer und Otto Erich Deutsch, Kassel u. a. 1962 ff. Die Orthographie der Briefe ist in den meisten Fällen die wunderbar willkürliche der Originale.

ABERT, HERMANN: W. A. Mozart, 2 Bände, Leipzig 1975.
ADLER, GUIDO: Instrumentalmusik 1750–1828, in: Handbuch der Musikgeschichte, Bd. 3, hg. von Guido Adler, München 1975.
DERS.: Die Wiener klassische Schule, in: Handbuch der Musikgeschichte, a. a. O.
ADORNO, THEODOR W.: Huldigung an Zerlina, in: ders., Moments musicaux, Frankfurt am Main 1964.
BÄR, CARL: Mozart. Krankheit – Tod – Begräbnis, Salzburg 1972.
BLUME, FRIEDRICH: Klassik, in: Epochen der Musikgeschichte in Einzeldarstellungen, München 1974.
BORN, GUNTHARD: Mozarts Musiksprache. Schlüssel zu Leben und Werk, Frankfurt am Main 1987.
BRAUNBEHRENS, VOLKMAR: Mozart in Wien, München 1986.
CSAMPAI, ATTILA/HOLLAND, DIETMAR (Hg.): Die Zauberflöte: Texte, Materialien, Kommentare, Reinbek 1982.
DIES.: Die Entführung aus dem Serail: Texte, Materialien, Kommentare, Reinbek 1983.
DIES.: Così fan tutte: Texte, Materialien, Kommentare, Reinbek 1984.
DIES.: Die Hochzeit des Figaro: Texte, Materialien, Kommentare, Reinbek 1982.
DEUTSCH, OTTO ERICH (Hg.): W. A. Mozart. Die Dokumente seines Lebens, Kassel 1961.

Dieckmann, Friedrich: Die Geschichte Don Giovannis. Werdegang eines erotischen Anarchisten, Frankfurt am Main 1991.
Eibl, Joseph Heinz: Wolfgang Amadeus Mozart. Chronik eines Lebens, München 1991.
Einstein, Alfred: Mozart. Sein Charakter, sein Werk, Frankfurt am Main 1987.
Hildesheimer, Wolfgang: Mozart. Eine Biographie, Frankfurt am Main 1977.
Höllerer, Elisabeth: Musik und Verstellung bei Mozart, in: Festschrift für Georg Knepler zum 85. Geburtstag, Bd. 2: Musik/Theater, Hamburg 1993.
Jahn, Otto: Mozart, 2 Bände, Leipzig 1867.
Knepler, Georg: Wolfgang Amadé Mozart. Annäherungen, Berlin 1991.
Konold, Wulf: Das Streichquartett. Von den Anfängen bis Schubert, Wilhelmshaven 1980.
Kraemer, Uwe: Wer hat Mozart verhungern lassen?, in: Musica (1976).
Kretzschmar, Hermann: Gesammelte Aufsätze, 2 Bände, Leipzig 1911.
Kunze, Stefan: Mozarts Opern, Stuttgart 1996.
Landon, H.C. Robbins: 1791. Mozarts letztes Jahr, Düsseldorf 1991.
Ders.: Haydn. Chronicle and Works: Haydn at Esterhaza 1766–1790, 2 Bände, 1978.
Leitzmann, Albert: Wolfgang Amadeus Mozart. Berichte der Zeitgenossen und Briefe, Leipzig 1926.
Leonhart, Dorothea: Mozart. Eine Biographie, Zürich 1994.
Lert, Ernst: Mozart auf dem Theater, Berlin 1918.
Nagel, Ivan: Autonomie und Gnade. Über Mozarts Opern, München/Wien 1985.
Ortheil, Hanns-Josef: Mozart im Innern seiner Sprachen, Frankfurt am Main 1982.
Ponte, Lorenzo da: Memoiren des Mozart-Librettisten, galanten Liebhabers und Abenteurers, Berlin 1970.
Rosen, Charles: Der klassische Stil. Haydn, Mozart, Beethoven, Kassel 1999.
Scheit, Gerhard: Dramaturgie der Geschlechter. Über die gemeinsame Geschichte von Drama und Oper, Frankfurt am Main 1995.
Ders.: Hans Wurst und der Staat. Eine kleine Geschichte der Komik. Von Mozart bis Thomas Bernhard, Wien 1995.
Schenk, Erich: Mozart, Wien/München 1975.
Sollertinsky, Iwan: Von Mozart bis Schostakowitsch, Leipzig 1974.
Tschitscherin, Georgi: Mozart. Eine Studie, Leipzig 1975.

Plattentips

Die Plattentips zu jedem Kapitel sind eine persönliche Auswahl des Autors, wobei er seine Vorliebe für Interpretationen auf historischen Instrumenten (»Originalklang«) keineswegs verhehlen mochte.
Viele der besten Dirigenten haben Mozart hauptsächlich vor dem Hintergrund dessen interpretiert, was ihm im 19. Jahrhundert musikalisch folgte. Sie waren hingerissen von den zweifellos reizvollen Möglichkeiten, die seine Musik auch für sogenannte »romantische« Wirkungen bot, und nicht wenige haben darüber – der eine mehr, der andere weniger – die Partitur aus den Augen verloren. Gewiß, Mozart hat romantisches Lebensgefühl vorausgeahnt und in manchen Werken antizipiert. Musikhistorisch kommt er allerdings aus der entgegengesetzten Richtung; auch mußte er bei seinen Kompositionen die Bedingungen berücksichtigen, mit denen er es von Fall zu Fall zu tun hatte.
So verfügte die Salzburger Hofkapelle nach Angaben des »Salzburger Hofkalenders für 1775« über acht Geigen – Bratschen inklusive –, ein Cello, drei Kontrabässe, zwei Fagotte, drei Oboen und drei Hörner; das Orchester der »Concerts Spirituels« im Jahr 1778 dagegen laut »Almanach des spectacles de Paris« über elf erste Geigen, elf zweite Geigen, fünf Bratschen, acht Celli, fünf Kontrabässe, sechs Musiker für Flöte, Oboe und Klarinette, vier Fagotte, sechs Musiker für Horn und Trompeten und eine Pauke. Man hört es der PARISER SINFONIE an, daß sie für ein so großes Orchester komponiert wurde. Solche Bedingungen aber fand Mozart nur selten vor. Daß er sie gern öfter genutzt hätte, heißt nicht, daß er begeistert gewesen wäre, zu hören, wie seine für kleine und kleinste Besetzungen geschriebenen Sinfonien von ausgewachsenen Sinfonieorchestern gespielt werden. Ginge es hier um Möbelbau, könnte man sagen, daß der musikalische Sesselmacher Mozart als Genußmensch, wenn er Gelegenheit dazu bekam, natürlich sehr gern in großen Fauteuils saß. Dennoch hatte er beim Bau der Möbel überwiegend jene Sesseldimension im Sinn, mit der er aufgewachsen war und die er aus dem Alltag kannte.
Wenn sich Originalklangkapellen an derlei Gesichtspunkte halten, dann nicht allein aus musikgeschichtlichen Gründen. Auf Barockinstrumenten, so die Erfahrungen der Musiker, entsteht die Annäherung an ein vergangenes Klang- und Hörideal wie von selbst; sie beansprucht vernünftigerweise keine »Authentizität«, sie klingt nur einfach plausibler. Ohne daß dies von den Pionieren des

»Originalklangs« von Beginn an beabsichtigt worden wäre, ergab sich auf den alten Instrumenten schnell eine neue Stilkonvention – für das Mozart-Spiel, aber auch für das Repertoire bis Schubert –, die inzwischen längst auch für alle Orchester mit modernen Instrumenten gilt. Daß die musikalische Qualität einer Interpretation letztlich natürlich nicht vom Instrumentarium abhängt, haben in der Vergangenheit – mit modern instrumentierten Orchestern – Dirigenten wie Arturo Toscanini oder Josef Krips, Erich Kleiber oder René Leibowitz bewiesen. Heute demonstrieren es Orchesterleiter wie Nikolaus Harnoncourt oder Simon Rattle, Thomas Hengelbrock oder Daniel Harding, die alle mit beiden Instrumententypen musizieren.

Werden mehrere CDs desselben Werks empfohlen, so hält der Autor sie aus bestimmten Gründen – Abkürzungen siehe unten – für gleichermaßen wichtig.

D – Dirigent
S – Solisten
E – Ensemble
C – Chor
H – historische Aufnahme
O – auf Originalinstrumenten gespielt
R – Referenzaufnahme
V – außergewöhnlich gute Sänger
DDD – digital aufgenommen und bearbeitet
ADD – analog aufgenommen und digital bearbeitet
◊ – bei Gesamtaufnahmen auch einzeln erhältlich

Empfehlenswerte Gesamtaufnahmen

Sinfonien

D: Harnoncourt / **E:** Concentus Musicus und Concertgebouw Orkest – Teldec (**O** + moderne Instrumente, **ADD**, **DDD**, 9 CDs)
D: Krips / **E:** Concertgebouw Orkest – Philips / Universal (**ADD**, 12 CDs); der relativ unbekannte Wiener Kapellmeister Josef Krips (1902–1974) ist einer der besten Mozart-Interpreten
D: Hogwood / **E:** Academy of Ancient Music – L'Oiseau Lyre / Decca / Universal (**O**, **DDD**, 19 CDs)

Kirchenmusik

D: Harnoncourt / **S:** versch. Sänger / **C:** Arnold Schönberg Chor / **E:** Concentus Musicus – Teldec (**O**, **DDD**, 13 CDs) ◊

Klavierkonzerte
D: van Immerseel / **S:** van Immerseel / **E:** Anima Eterna Orchestra – Channel Classics / Koch (**O**, **DDD**; eine Auswahl der wichtigsten Konzerte auf 10 CDs) ◊

Bläserkonzerte
E: Bläser des Chamber Orchestra of Europe – Teldec (**DDD**, 3 CDs)

Klaviertrios
S: Lubin, Ritchie, Lutzke – HMU / Helikon, (**O**, **DDD**, 2 CDs) ◊

Klaviersonaten
S: Brautigam – BIS (**O**, **DDD**; zusätzlich sämtliche andere Stücke für Soloklavier, 10 CDs) ◊
S: Pires – DGG / UNIVERSALG / UNIVERSAL / Universal (**R**, **DDD**, 8 CDs) ◊
S: Gieseking – EMI (**ADD**, 8 CDs)

Bläserdivertimenti und -serenaden
E: Holzbläser des Chamber Orchestra of Europe – Teldec (**DDD**, 4 CDs)

Fragmente und Liegengelassenes
Allegro einer Sinfonia Concertante für Geige, Bratsche und Cello K. Anh. 104 / **D:** Jürgen Kussmaul / **S:** Beths, Jürgen Kussmaul, Bylsma / **E:** Amsterdam Mozart Players – Channell Classics / Koch international (**O**, **DDD**)
Allegro F-Dur K. 580b und Rondo K. 581a / **E:** Divertimento Salzburg – Claves (**O**, **DDD**)

Erstes Kapitel: 1756–1775

Frühe Sinfonien / **D:** Pinnock / **E:** English Concert – Archiv / DGG / Universal (**O**, **DDD**, 4 CDs)
Klavierkonzerte K. 37, 39, 40, 41 / **D:** Hogwood / **S:** Levin / **E:** Academy of Ancient Music – L'Oiseau Lyre / Decca (**O**, **DDD**)

Zweites Kapitel: 1767–1776

Mitridate, re di Ponto K. 87 / **D:** Rousset / **S:** Sabbatini, Dessay, Bartoli, Asawa / **C** und **E:** Les Talens Lyrique – Decca / Universal (**O**, **DDD**, 2 CDs)
Lucio Silla K. 135 / **D:** Harnoncourt / **S:** Schreier, Gruberowa, Bartoli, Upshaw, Kenny / **E:** Concentus Musicus – Teldec (**O**, **DDD**, 2 CDs)
La finta giardiniera K. 196 / **D:** Harnoncourt / **S:** Gruberova, Moser, Heilmann, Margiono, Upshaw / **C:** Arnold Schönberg Chor / **E:** Concentus Musicus – Teldec (**O**, **DDD**, 3 CDs)

SALZBURGER SINFONIEN / **D:** Pinnock / **E:** English Concert – Archiv / DGG / Universal (**O**, **DDD**, 4 CDs)

Drittes Kapitel: 1777

SINFONIE K. 183 und K. 201 / **D:** Makkeras / **E:** Prager Kammerorchester – Telarc / In-Akustik (**DDD**)
VIOLINKONZERTE K. 207, K. 216, K. 219 / **D** und **S**: Christian Tetzlaff / **E:** Deutsche Kammerphilharmonie Bremen – Virgin Classics / EMI (**DDD**)
VIOLINKONZERTE K. 211, K. 218, RONDO K. 273, RONDO K. 269, ADAGIO K. 261 / **D** und **S:** Christian Tetzlaff / **E:** Deutsche Kammerphilharmonie Bremen – Virgin Classics / EMI (**DDD**)
VIOLINKONZERTE K. 218 und K. 219 / **D:** Kuijken / **S:** Kuijken und Terakado / La Petite Bande – DENON (**O**, **DDD**)
KLAVIERKONZERTE K. 271, K. 453 / **S:** Staier / **E:** Concerto Köln – Teldec (**O**, **DDD**)
SONATEN FÜR KLAVIER UND VIOLINE K. 304, K. 454 / **S:** Nicholson, Kurosaki – Erato / Teldec (**O**, **DDD**)
FLÖTENQUARTETTE K. 285, K. 285A, K. 298, K. ANH. 171 / **S:** Sharon Bezaly / **E:** Salzburger Solisten – BIS (**DDD**)

Viertes Kapitel: 1778/79

GIOVANNI BATTISTA PERGOLESI: SERVA PADRONA / **D:** Kuijken / **S:** Biccíré, di Stefano / **E:** La Petite Bande – Accent / Note 1 (**O**, **DDD**)
CHRISTOPH WILLIBALD GLUCK: ORFEO ED EURIDICE / **D:** Gardiner / **S:** McNair, Ragin, Sieden / **C:** Monteverdi Choir / **E:** English Baroque Soloists – Philips / Universal (**O**, **DDD**, 2 CDs)
SINFONIA CONCERTANTE K. 297B / **D:** Schneider / **S:** Boyd, Hosford, Williams, O'Neill / **E:** Chamber Orchestra of Europe – Koch International (**DDD**)
KONZERT FÜR HARFE UND FLÖTE A-DUR K. 299, OBOENKONZERT C-DUR K. 314 / **D:** Harnoncourt / **S:** Wolf, Yoshino, Westermann / **E:** Concentus Musicus – Teldec (**O**, **DDD**)
KLAVIERSONATE K. 310 / **S:** Gulda – DGG / Universal (**ADD**)

Fünftes Kapitel: 1779 – 1785

ZAIDE K. 344 / **D:** Goodwin / **S:** Dawson, Blochwitz, Lippert, Bär, Purves / **E:** Academy of Ancient Music, – Helikon (**O**, **DDD**)

IDOMENEO K. 366 / Pritschard / **S:** Lewis, Simoneau, Jurinac / **C** und **E:** Glyndebourne Festival Choir and Orchestra – EMI (**R**, **ADD**, 2 CDs)

ENTFÜHRUNG AUS DEM SERAIL K. 384 / **D:** Solti / **S:** Battle, Gruberova, Heigl, Winbergh, Zednik, Talvela, Quadflieg u. a./ **C:** Wiener Staatsopernchor / **E:** Wiener Philharmoniker – Decca / Universal (**ADD**)

SINFONIE K. 319 / **D:** Makkeras / **E:** Prager Kammerorchester – Telarc / In-Akustik (**DDD**)

SINFONIE K. 338 / **D:** Makkeras / **E:** Prager Kammerorchester – Telarc / In-Akustik (**DDD**)

KLAVIERKONZERT K. 453 und K. 466 / **D:** Hogwood / **S:** Levin / **E:** Academy of Ancient Music, (**O**, **DDD**)

KLAVIERKONZERT K. 467 / **D:** Karajan / **S:** Lipatti / **E:** Orchestre du Festival de Lucerne – EMI (**H**, **ADD**, Mono)

MESSE C-MOLL K. 427 / **D:** Rifkin / **S:** Armstrong, Labelle, Thomas, Morrison / **E** und **C**: Händel & Haydn Society Chorus / Boston Early Music Festival Orchestra – Denon (**O**, **DDD**)

DAVIDDE PENITENTE K. 476 / **D:** Kuijken / **S:** Laki, Fallien, Blochwitz / **E:** La Petite Bande – BMG / hmd (**O**, **DDD**)

HORNKONZERTE NR. 1–4 / **D:** Harnoncourt / **S:** Bauman / **E:** Concentus Musicus – Teldec (**O**, **DDD**)

»KRÖNUNGSMESSE« K. 317 und »EXULTATE JUBILATE« K. 165 / **D:** Pinnock / **S:** Bonney, Rogers, McDougall, Gadd / **E:** The English Concert – Archiv / DGG / Universal (**O**, **DDD**)

SINFONIA CONCERTANTE K. 364 / **D:** Kuijken / **S:** Kuijken, Terakado / **E:** La Petite Bande – Denon (**O**, **DDD**)

SINFONIA CONCERTANTE K. 364 / **D:** Szell / **S:** Druian, Skernick / **E:** Cleveland Orchestra – Sony Classical (**ADD**)

SERENADEN »GRAN PARTITA« K. 361 und K. 388 / **D:** Herreweghe / **E:** Harmonie de l'Orchestre des Champs-Elysées – hmf / Helikon (**O**, **DDD**)

SERENADEN »GRAN PARTITA« K. 361 und K. 375 / **D:** Klemperer / **E:** Holzbläser des New Philharmonia Orchestra und London Wind Quintett – EMI (**R**, **ADD**)

HAYDN-QUARTETTE / **E:** Mosaique Quartett – Astrée / HMU Quartett (**O**, **DDD**, 3 CDs)

HAYDN-QUARTETTE / **E:** Suske Quartett – Edel (**ADD**, 4 CDs)

MAURERISCHE TRAUERMUSIK K. 477 / **D:** Klemperer / **E:** New Philharmonia Orchestra – EMI (**ADD**)

Sechstes Kapitel: 1786/87

LE NOZZE DI FIGARO K. 486 / **D:** Kleiber / **S:** Poell, della Casa, Gueden, Siepi, Danco u. a./**C:** Chor der Wiener Staatsoper / **E:** Wiener Philharmoniker – Decca / Universal (**R**, **ADD**, 3 CDs)
DON GIOVANNI K. 527 / **D:** Harding / **S:** Mattei, Cachemaille, Remigio, Gens, Padmore, Larsson, Fechner, Oskarsson / **E:** Mahler Chamber Orchestra – Virgin Classics / EMI (**R**, **DDD**, 3 CDs)
DON GIOVANNI K. 527 / **D:** Krips / **S:** Siepi, Böhme, Danco, della Casa, Corena, Bery, Gueden / **C:** Chor der Wiener Staatsoper / **E:** Wiener Philharmoniker – Decca (**V**, **ADD**, 3 CDs)
DER SCHAUSPIELDIREKTOR K. 486 / **D:** Böhm / **S:** Grist, Auger, Schrei, Moll / **E:** Staatskapelle Dresden – DGG / Universal (**ADD**)
SINFONIE K. 504 / **D:** Makkeras / **E:** Prager Kammerorchester – Telarc / In-Akustik (**DDD**)
ADAGIO und FUGE C-MOLL K. 546 / **D:** Klemperer / **E:** Philharmonia Orchestra London – EMI (**ADD**)
SERENADE K. 525 (»Kleine Nachtmusik«) / **D:** Makkeras / **E:** Prager Kammerorchester – In-Akustik (**DDD**)
KLAVIERKONZERT K. 456 und K. 459 / **S:** Staier / **E:** Concerto Köln – Teldec (**O**, **DDD**)
KLAVIERKONZERT K. 482 und K. 488 / **D:** Hogwood / **S:** Levin / **E:** Academy of Ancient Music – (**O**, **DDD**)
KLAVIERKONZERT K. 491 / **D:** Leitner / **S:** Seemann / **E:** Bamberger Symphoniker – DGG / Universal (**ADD**)
VIOLINSONATE K. 481 / **S:** Kuijken, Devos – Accent / Note 1 (**O**, **DDD**)
RONDO FÜR KLAVIER A-MOLL K. 511 / **S:** Uchida – Philips (**ADD**)

Siebtes Kapitel: 1787–1790

COSÌ FAN TUTTE K. 588 / **D:** Busch / **S:** Souez, Helletsgruber, Nash, Domgraf-Fassbänder, Brownlee, Eisinger / **E** und **C**: Glyndebourne Festival Orchestra and Chorus – EMI (**H**, **R**, **V**, **ADD**, Mono)
COSÌ FAN TUTTE K. 588 / **D:** Kuijken / **S:** Isokoski, Groop, Argtenta, Schäfer, Vollestad, Claessens / **E** und **C:** La Petite Bande & Chor – Accent / Note 1 (**O**, **DDD**, 3 CDs)
COSÌ FAN TUTTE K. 588 / **D:** Oestman / **S:** Yakar, Nafé, Resick, Winbergh, Krause, Feller / **E** und **C:** Drottningholm Schloßorchester & Chor – L'Oiseau Lyre / Decca (**O**, **DDD**, 3 CDs)
SINFONIE K. 550 / **D:** Gielen / **E:** SWF-Orchester – Intercord / EMI (**ADD**)

SINFONIE K. 551 / **D:** Leibowitz / **E:** Royal Philharmonic Orchestra – Chesky Records / In-akustik (**R, ADD**)
SINFONIE K. 550 & 551 / **D:** Harnoncourt / **E:** Chamber Orchestra of Europe – Teldec (**DDD**)
MAURERISCHE TRAUERMUSIK K. 477 / **D:** Brüggen / **E:** Orchestra of the Age of Enlightenment – Philips (**O, DDD**, zusammen mit REQUIEM)
STREICHQUARTETTE K. 575 und K. 590 / **E:** Quattuor Mosaique – Astrée / HMU (**O, DDD**)
STREICHQUINTETTE K. 593 und K. 614 / **E:** Hausmusik – Virgin Classics / EMI (**O, DDD**)
STREICHQUINTETTE K. 515 und K. 516 / **E:** Hausmusik – Virgin Classics / EMI (**O, DDD**)
KLARINETTENQUINTETT K. 581 / **S:** Sabine Meyer / **E:** Wiener Streichsextett – EMI (**DDD**)

Achtes Kapitel: 1791

DIE ZAUBERFLÖTE K. 620 / **D:** Oestman / **S:** Sigmundsson, Streit, Jo, Bonney, Cachemaille, Watson, Petzold, Hagegard / E und C: Drottningholm Theatre Orchestra and Chorus – L'Oiseau Lyre / Decca (**O, DDD**, 2 CDs)
LA CLEMENZA DI TITO K. 621 / **D:** Hogwood / **S:** Heilmann, Bartoli, Jones, Bonney, Montague, Cachemaille / **E:** Academy of Ancient Music & Chor – L'Oiseau Lyre / Decca / Universal (**O, DDD**, 3 CDs)
KLARINETTENKONZERT K. 622 / **D:** Faerber / **S:** Kham / **E:** Württembergisches Kammerorchester – Teldec (**DDD**)
KLARINETTENKONZERT K. 622 / **D:** Harnoncourt / **S:** Wolfgang Meyer / **E:** Concentus Musicus – Teldec (**O, DDD**, zusammen mit K. 299 und K. 314)
REQUIEM K. 626 / **D:** Weil / **S:** Ulewicz, Hölzl, Hering, van der Kamp / **C:** Tölzer Knabenchor / **E:** Tafelmusik – Sony Classical (**O, DDD**)
AVE VERUM CORPUS K. 618 / **D:** Kuijken / **E:** La Petite Bande – BMG / hmd (**O, DDD**, mit Davidde Penitente K. 469)

	Mozart	Musik	Literatur, Theater, Bildende Kunst	Geschichte, Naturwissenschaft
1756	Wolfgang Amadé Mozart wird am 27. Januar in Salzburg geboren	Leopold Mozarts ›Violinschule‹ erscheint	Giovanni Battista Piranesi: ›Das römische Altertum‹ (Kupferstiche); Salomon Geßner: ›Idyllen‹	Casanova flieht aus den Bleikammern Venedigs; Beginn des Siebenjährigen Kriegs
1763	Beginn der Europareise	Carl Philipp Emanuel Bach: Klaviersonaten	Jean Paul (Schriftstellername von Johann Paul Friedrich Richter) wird geboren	Ende des Siebenjährigen Kriegs; Erfindung der ersten Lichttelegraphen in England
1764	Aufenthalt in London, wo er Johann Christian Bach begegnet; Komposition der ersten Klavier- und Violinsonaten K. 6–15 und der ersten Sinfonie K. 16	Jean-Philippe Rameau stirbt	William Hogarth, englischer Maler und Satiriker, stirbt	Das Chronometer, das 1735 von John Harrison, einem englischen Uhrmacher, entwickelt wurde, wird prämiert
1765	Aufenthalt in Den Haag; Komposition von drei Sinfonien K. 19, 19a und 22		Gotthold Ephraim Lessing: ›Laokoon‹; François Boucher wird »Erster Maler des Königs«	Franz I., deutscher Kaiser und Gatte Maria Theresias, stirbt; ihm folgt Joseph II. als Mitregent neben seiner Mutter Maria Theresia
1767	13. Mai: Aufführung des ersten Opernwerks, ›Apollo und Hyancinth‹ K. 38; Reise nach Wien	Christoph Willibald Gluck: ›Alceste‹; Georg Philipp Telemann stirbt; Carl Philipp Emanuel Bach wird Georg Philipp Telemanns Amtsnachfolger in Hamburg	Gotthold Ephraim Lessing: ›Minna von Barnhelm‹	Erfindung der Spinnmaschine »Jenny« durch den Briten James Hargraves
1768	Aufführung des Singspiels ›Bastien und Bastienne‹ K. 50 in Wien; Beginn der Arbeit an der Opera buffa ›La finta semplice‹ K. 51		Johann Joachim Winckelmann, deutscher Archäologe, wird ermordet	Der britische Chemiker Joseph Black entdeckt die »latente Wärme« von Wasser und Dampf
1769	Rückkehr nach Salzburg; Mozart wird Konzertmeister der Hofkapelle in Salzburg; erste Italienreise	Christoph Willibald Gluck: ›Paris und Helena‹	Der Schriftsteller Ernst Moritz Arndt wird geboren, Christian Fürchtegott Gellert stirbt	Napoleon I., Kaiser der Franzosen, und Alexander von Humboldt, deutscher Naturforscher und Geograph, werden geboren; Erfindung des Dampfmotorwagens
1770	Italienaufenthalt; erstes Streichquartett K. 80; Verleihung des Papstordens; 26. Dezember: Premiere der Oper ›Mitridate, Rè di Ponto‹ K. 87	Ludwig van Beethoven wird geboren; Guiseppe Tartini stirbt	Der Philosoph Georg Wilhelm Friedrich Hegel und der Dichter Friedrich Hölderlin werden geboren; Johann Wolfgang Goethe und Johann Gottfried Herder in Straßburg; Giambattista Tiepolo, italienischer Maler, stirbt; François Boucher, französischer Maler, stirbt	Marie Antoinette wird mit dem späteren französischen König Ludwig XVI. verheiratet; Ch. Bonnet veröffentlicht Arbeiten über die Regeneration von Würmern und die Jungfernzeugung der Blattläuse (!)

	Mozart	Musik	Literatur, Theater, Bildende Kunst	Geschichte, Naturwissenschaft
1771	Mozart erhält die Kompositionsaufträge für ›Betulia liberata‹ K. 118 und ›Ascanio in Alba‹ K. 101; zweite Italienreise, wo er dem Komponisten Johann Adolf Hasse begegnet	Joseph Haydn: Sinfonie Nr. 52 c-moll	Friedrich Gottlieb Klopstock: ›Oden‹	Der schwedische Chemiker Carl Scheele entdeckt den gasförmigen Sauerstoff; James Cook erreicht auf seiner ersten Weltreise Ostaustralien
1772	Hieronymus Graf Colloredo wird Erzbischof in Salzburg, zu dessen Ehren schreibt Mozart die Serenata dramatica ›Il sogno di Spicione‹ K. 126; dritte Italienreise; 26. Dezember: Premiere der Oper ›Lucio Silla‹ K. 135	Joseph Haydn: ›Sonnenquartette‹ op. 20	Novalis (Dichtername des Georg Philipp Friedrich Leopold von Hardenberg) wird geboren; Gotthold Ephraim Lessing: ›Emilia Galotti‹	Erstmals umsegelt James Cook die Welt in Ostrichtung
1773	Rückkehr nach Salzburg; Komposition von Streichquartetten, Sinfonien, dem ersten Klavierkonzert K. 175, Divertimenti, Serenaden, der Bühnenmusik zu ›Thamos, König von Ägypten‹ K. 345	Joseph Haydn: ›Abschiedssinfonie‹	Johann Wolfgang von Goethe: ›Götz von Berlichingen‹ und ›Urfaust‹; Friedrich Gottlieb Klopstock: ›Messias‹	Fürst Metternich, österreichischer Staatsmann, wird geboren
1774	Reise nach München	Christoph Willibald Gluck: ›Iphigenie in Aulis‹	Johann Wolfgang von Goethe: ›Die Leiden des jungen Werther‹; Caspar David Friedrich, deutscher Maler, wird geboren	Der französische König Ludwig XV. stirbt, ihm folgt Ludwig XVI.
1775	13. Januar: Premiere der Oper ›La finta giardiniera‹ K. 196 in München; 23. April: Aufführung des Dramma per musica ›Il Rè Pastore‹ K. 208 in Salzburg	Anton Schweitzer: ›Alceste‹ (Versuch einer deutschen Nationaloper)	Pierre Augustin Caron de Beaumarchais: ›Barbier von Sevilla‹; Johann Wolfgang von Goethe in Weimar; William Turner, englischer Maler, wird geboren	Beginn des US-amerikanischen Freiheitskampfes; Der deutsche Arzt Franz Anton Mesmer tritt durch seine Erfolge mit der Magnetotherapie hervor
1776	Klavierkonzerte; 21. Juli: Aufführung der ›Haffner-Serenade‹ K. 250	Ignaz Holzbauer: ›Günter von Schwarzburg‹ (weiterer Versuch einer deutschen Nationaloper)	Jacob Michael Lenz: ›Die Soldaten‹; Johann Wolfgang von Goethe: ›Stella‹	Unabhängigkeitserklärung der USA; dritte Weltreise James Cooks, 1779 wird er auf Hawaii erschlagen
1777	Konzerte, Divertimenti; Beginn der Parisreise	Christoph Willibald Gluck: ›Armida‹	Phillipp Otto Runge, deutscher Maler, und Heinrich von Kleist werden geboren	
1778	Klavier-, Violinsonaten, Musik für Flöte; 18. Juni: Aufführung der ›Pariser Sinfonie‹ K. 297; 3. Juli: Tod der Mutter; Rückreise nach Mannheim im September	Niccolò Vito Piccini: ›Roland‹	Die französischen Philosophen Jean-Jacques Rousseau und Voltaire sterben; Gotthold Ephraim Lessing: ›Anti-Goeze‹; Johann Gottfried Herder: ›Volkslieder‹	Der schwedische Naturforscher Carl von Linné, der Erfinder des nach ihm benannten Sexualsystems der Pflanzen, stirbt

	Mozart	Musik	Literatur, Theater, Bildende Kunst	Geschichte, Naturwissenschaft
1779	Heimkehr nach Salzburg im Januar; Vollendung der ›Krönungsmesse‹ K. 317; Arbeit am Singspiel ›Zaide‹ K. 344	Christoph Willibald Gluck: ›Iphigenie auf Tauris‹	Gotthold Ephraim Lessing: ›Nathan, der Weise‹; Anton Raphael Mengs, deutscher Maler und Kunstschriftsteller, stirbt	A. Darby baut die erste Eisenbahnbrücke
1780	Arbeit an der Oper ›Idomeneo‹ K. 366			
1781	29. Januar: Premiere von ›Idomeneo‹ in München; Bruch mit dem Erzbischof; Wettstreit mit dem Pianisten und Komponisten Muzio Clementi; Arbeit an der Oper ›Die Entführung aus dem Serail‹ K. 384; Umzug nach Wien	Piccini: ›Iphigénie en Tauride‹ uraufgeführt; Johann Christian Bach: Six Grand Overtures op. 18	Gotthold Ephraim Lessing stirbt; Immanuel Kant: ›Kritik der reinen Vernunft‹; Karl Friedrich Schinkel, deutscher Baumeister und Maler, wird geboren	Kaiser Joseph II. reformiert den Staat, unter anderem hebt er die Leibeigenschaft auf; erste Dampfschiffversuche in Frankreich; Entdeckung des Uranus durch Wilhelm Henschel
1782	16. Juli: Premiere von ›Die Entführung aus dem Serail‹ in Wien; 4. August: Hochzeit mit Konstanze, geborene Weber; Arbeit an der ›Haffner-Sinfonie‹ K. 385; Beschäftigung mit Johann Sebastian Bach	Niccolò Paganini wird geboren; Johann Christian Bach stirbt	Premiere von Friedrich von Schillers ›Die Räuber‹ in Mannheim; Pietro Metastasio (italinischer Dichter) stirbt; Matthias Claudius: ›Wahrheit und Irrtum‹; Johann Wolfgang von Goethe: ›Erlkönig‹	James Watt baut die erste industrielle Dampfmaschine; Seekrieg England gegen die Niederlande
1783	im Spätsommer Reise nach Salzburg, Komposition der Oper ›L'oca del Cairo‹ K. 422; Aufführungen der ›c-moll-Messe‹ K. 427 und der ›Linzer Sinfonie‹ K. 425	Johann Adolf Hasse stirbt, Ignaz Holzbauer stirbt; Ludwig van Beethoven: ›Kurfürstensonaten‹	Friedrich von Schiller: ›Fiesco‹; Jean Paul: ›Grönländische Prozesse‹; Stendhal (Schriftstellername des Marie Henri Beyle) wird geboren	William Pitt wird zum englischen Minister ernannt; Fürst Potemkin erobert die Krim; England erkennt die Unabhängigkeit der USA an
1784	9. Februar: Erster Eintrag im ›Verzeichnüß aller meiner Werke‹: Klavierkonzert K. 449; Komposition von Klaviermusik	Padre Giovanni Battista Martini stirbt	Pierre-Augustin Caron de Beaumarchais: ›Le marriage de Figaro‹; Friedrich von Schiller: ›Kabale und Liebe‹	Johann Wolfgang von Goethe und d'Axyr entdecken den menschlichen Zwischenkiefer, Goethe experimentiert mit Heißluftballons
1785	Im Frühjahr ist Vater Leopold in Wien; September: Erscheinen der Streichquartette K. 387, 421, 428, 458, 464 und 465 mit Widmung an Joseph Haydn; Oktober: Beginn der Arbeit an der Oper ›Le Nozze di Figaro‹ K. 492; Komposition der Klavierkonzerte K. 464 und 467 und der ›Maurerischen Trauermusik‹ K. 477	Baldassare Galuppi stirbt	Jacob Grimm, deutscher Germanist, wird geboren; Christian Friedrich Daniel Schubart: ›Gedichte aus dem Kerker‹	Erfindung des mechanischen Webstuhls; Die britische Zeitung ›The Times‹ wird von John Walter gegründet; Kanalüberquerung im Freiballon; die erste Dampfmaschine in Preußen

	Mozart	Musik	Literatur, Theater, Bildende Kunst	Geschichte, Naturwissenschaft
1786	7. Februar: Aufführung der Komödie mit Musik ›Der Schauspieldirektor‹ K. 486; 1. Mai: Premiere von ›Le Nozze di Figaro‹ in Wien	Joseph Haydn: sechs ›Pariser Sinfonien‹	Beginn der zweijährigen Italienreise Johann Wolfgang von Goethes; Wilhelm Grimm, deutscher Germanist, wird geboren; Francisco Goya wird Hofmaler (»pintor da cámara«)	Friedrich II., König von Preußen, sirbt; erste Montblanc-Besteigung; Gas als Beleuchtungsmittel wird erfunden
1787	Reise nach Prag, dort werden im Oktober ›Le Nozze di Figaro‹ und ›Don Giovanni‹ K. 527 aufgeführt; 28. Mai: Tod des Vaters Leopold; 10. August: Vollendung der ›kleinen NachtMusick‹ K. 525; Rückreise nach Wien	Leopold Mozart stirbt; Christoph Willibald Gluck stirbt; Ludwig van Beethoven in Wien	Johann Wolfgang von Goethe: ›Iphigenie auf Tauris‹; Friedrich von Schiller: ›Don Carlos‹; Carlo Goldoni: ›Mémoires de M. Goldoni‹; Ludwig Uhland, deutscher Dichter, wird geboren	Zweiter Russisch-Türkischer Krieg (bis 1792); Fürst Potjomkin täuscht der Zarin mit Dorfattrappen Wohlstand vor
1788	Komposition der drei letzten Sinfonien K. 543, 550 und der ›Jupitersinfonie‹ K. 551; Beschäftigung mit Georg Friedrich Händel und Sebastian Bach	Joseph Haydn: Sinfonien Nr. 90, 91, 92 (»Oxforder«)	Lord George Byron, englischer Dichter, wird geboren; Johann Wolfgang von Goethe: ›Egmont‹	Die Verfassung der USA tritt in Kraft; Gründung der britischen Strafkolonie in Australien
1789	Reise nach Dresden, Leipzig, Berlin mit Graf Lichnowski; Arbeit an ›Così fan tutte‹ K. 588 und dem Klarinettenquintett K. 581; Händel-Bearbeitungen	Johann Adam Hiller wird Thomaskantor in Leipzig	Friedrich von Schiller in Jena; August von Kotzebue: ›Menschenhaß und Reue‹	Beginn der Französischen Revolution mit dem Sturm auf die Bastille; George Washington wird erster US-Präsident
1790	26. Januar: ›Così fan tutte‹ in Wien; Reise zur Kaiserkrönung nach Frankfurt am Main	Ludwig van Beethoven: ›Trauerkantate‹ für Joseph II.; Joseph Haydns erste Londonreise	Johann Wolfgang von Goethe: ›Tasso‹; Jean Paul: ›Schulmeisterlein Wutz‹	Joseph II., österreichischer Kaiser, stirbt, ihm folgt Leopold II.; Gründung der US-amerikanischen Hauptstadt Washington
1791	Komposition des letzten Klavierkonzerts K. 595; kurze Reise nach Prag, dort am 6. September Uraufführung ›La Clemenza di Tito‹ K. 621 in Gegenwart des Kaisers Leopold II.; im Herbst: Rückkehr nach Wien; 30. September: Premiere ›Zauberflöte‹ K. 620; Komposition der Motette ›Ave Verum‹ K. 618, des Anton Stadler gewidmeten Klarinettenkonzerts K. 622 und des Requiems K. 626; 5. Dezember: Mozart stirbt in Wien	Joseph Haydn: ›Sinfonie mit dem Paukenschlag‹; Giacomo Meyerbeer wird geboren		Johann Wolfgang von Goethe veröffentlicht Beiträge zur Optik; Beginn der Sodaherstellung in chemischen Großfabriken durch den Franzosen Nicolas Leblanc

Den Comic verdankt
der Autor seinem Sohn
Niclas Detels, der
Mozart einst auf seine
Weise zuordnete.

Umschlaggestaltung: Ott + Stein, Berlin
Umschlagreproduktion und Reproduktionen: Mega-Satz-Service, Berlin
Buchgestaltung: (S) sans serif, Berlin
Gesetzt aus der New Baskerville
Druck und Bindung: Clausen & Bosse, Leck
Printed in Germany 2001
ISBN 3-8286-0151-0